RÉCEPTION

DU

DUC D'ÉPERNON

COMME

GOUVERNEUR DE METZ

TEXTE ET DESSINS

DE

J. J. BOISSARD

DÉCOUVERTS ET PUBLIÉS

PAR

CH. ABEL

Président de la Société d'Histoire de la Moselle

Metz

IMPRIMERIE & LITHOGRAPHIE DE J. VERRONNAIS

1877

BIBLIOTHÈQUE MESSINE

PUBLICATION DE DOCUMENTS INÉDITS

RELATIFS A

L'HISTOIRE DE METZ

ET DU PAYS MOSELLAN

Ont déjà paru :

Journal de Jean **Aubrion**, bourgeois de Metz, 1465-1512; publié en entier pour la première fois par Lorédan Larchey.

Chronique de **Metz** par Jacomin **Husson**, bourgeois messin, 1200 à 1525; publiée par H. Michelant.

Journal de Jean **Beauchez**, greffier de Plappeville, 1551 à 1651; publié par Ch. Abel et E. de Bouteiller.

Journal de Dom Sébastien **Floret**, bénédictin, 1587 à 1638; publié par F.-M. Chabert.

Recueil journalier de ce qui s'est passé de plus mémorable dans la **cité de Metz** et aux environs, de 1656 à 1674, par Joseph **Ancillon**; publié par F.-M. Chabert.

Le **Mystère de Saint Clément**; publié d'après un manuscrit du XVᵉ siècle de la bibliothèque de Metz, par Ch. Abel.

RÉCEPTION

DU

DUC D'ÉPERNON

COMME

GOUVERNEUR DE METZ

TEXTE ET DESSINS

DE

J. J. BOISSARD

DÉCOUVERTS ET PUBLIÉS

PAR

CH. ABEL

Président de la Société d'Histoire de la Moselle

Metz

IMPRIMERIE & LITHOGRAPHIE DE J. VERRONNAIS

1877

Tiré à 50 Exemplaires.

Je soubsigné ay receu dudit Seigneur
Receueur lesdits douze escus; qu'il
a pleut ausdits Seignours me donné
le 4 Mantij M.D.LXXXIIII

J. Boissard.

C. A.

BOISSARD

A METZ

La bibliothèque de Metz renferme un manuscrit qui, classé d'abord sous le n° 41, est ainsi décrit au Catalogue de M. Clerx, en 1856, n° 114 : « Relation de » la réception de Monseigneur de Lavalette duc » d'Epernon pair de France à Metz et à Marsal, au » mois d'août 1583. Petit in-4° de 19° sur 14° carton-» né, 45 pages papier, seizième siècle. Ce volume est » orné de dessins à la plume très-bien exécutés, » marqué à M. Descartes, conseiller au parlement de » Metz, provient des archives de l'Hôtel de Ville. »

J'ai eu la bonne fortune de découvrir, il y a dix ans, que l'auteur de ce manuscrit et de ces dessins, n'est autre que le célèbre Jean-Jacques Boissard. M. Castan, conservateur de la bibliothèque de Besançon, nous en a donné, en 1875, une excellente biographie ornée d'un portrait inédit dont le cuivre avait été, jusqu'en 1870, conservé à Metz, par M. Dembour, graveur.

Cette découverte de dessins ignorés de Boissard, ajoutant une importance peu ordinaire à notre manus-

1

crit, j'ai eu l'idée de le publier pour payer mon tribut
de reconnaissance au père de notre archéologie mo-
sellane.

C'est vers l'an 1560, qu'il arriva à Metz, cherchant
une position qui lui permit de vivre. Il était âgé de
32 ans, étant né à Besançon en 1528. Son père, procureur fiscal près de la justice du comté de la Roche,
l'avait envoyé à neuf ans étudier près de son oncle,
Hugues Babet, professeur de langue grecque. Ce savant
se conformant à l'usage de l'époque faisait des cours
tantôt dans une ville, tantôt dans une autre. C'est
ainsi que Boissard fut d'abord élève de l'université de
Strasbourg, puis de celles d'Heidelberg et de Louvain. Il
contracta de la sorte l'amour de cette vie nomade des
étudiants allemands. Un beau jour il partit de Louvain
pour la Prusse avec des marchands qui le laissèrent
à Dantzig. Boissard s'en vint étudier à Francfort-sur-
l'Oder, puis à Wittemberg, où il devint un fervent
auditeur du fameux réformateur Melanchton; delà il
accourut à Leipzig prendre des leçons de grec de
Camerarius. En 1551, il était à Nuremberg, et en 1552,
il résidait à Ingolstadt qu'il quittait trois ans après
pour tenter un voyage en Syrie. Etant tombé malade
à Venise en 1555, il vint se faire guérir à Padoue.
En 1556, il trouva à Bologne un savant autrichien
Abraham Sorger qui l'emmena visiter toutes les villes
d'Italie. Il le laissa à Rome en 1558, occupé à dessiner
les antiques et publiant un guide du voyageur au travers de tous ces majestueux débris, qui étaient
encore sur place et qui n'avaient pas été dépécés
pour figurer dans les divers musées de l'Europe mo-

derne. Boissard fit ensuite une excursion en Grèce. Il revint à Rome au moment de la mort du pape Paul IV, le 18 août 1559. Il vit la populace prendre d'assaut l'hôtel de son protecteur le cardinal Caraffa et saccager les collections de ce savant prélat. Le temps n'était plus favorable à l'archéologie. En novembre 1559, il revint trouver son vieux père qui obtint pour lui la place de précepteur du fils du comte de la Roche, le baron de Rye. Mais Boissard ne tarda pas à montrer que ce n'était pas en vain qu'il avait fréquenté les luthériens allemands ; ses opinions religieuses étaient devenues peu orthodoxes. Craignant d'être traité en hérétique, Boissard quitta sa ville natale après avoir fermé les yeux à son père et il vint à Metz trouver Claude-Antoine de Vienne, baron de Clervant et de Coppet, pour lequel son cousin le baron de Rye, lui avait donné une lettre de recommandation. Ce gentilhomme, suisse d'origine, prenait son nom de la seigneurie de Vienne sur Aisne en Champagne. Il était arrivé à Metz quand cette ancienne capitale de l'Austrasie était redevenue française et il y avait été appelé parce que sa mère, une lorraine, Claudine du Chastelet, nièce de l'évêque Robert de Lenoncourt, yavait épousé le 21 septembre 1545, Robert de Heu, un chaud partisan de la réforme, devenu le riche Seigneur de *Montoy-Flanville*, du chef de sa première femme Philippine Chaverson. De ce premier mariage était issue une jeune fille, Catherine de Heu, que l'on maria avec le fils de sa belle-mère, Antoine de Vienne, malgré ses 52 ans.

Cette union n'en fut pas moins prospère, et naquirent au château de *Montoy :* François, Gédéon, Nicole et Louise de Vienne.

Le baron de Clervant confia son fils aîné à Boissard et celui-ci, recommençant sa vie d'antiquaire nomade, se mit avec son élève à parcourir pendant quinze années les principales villes de France et d'Allemagne, allant ensemble s'asseoir sur les bancs des écoles pour écouter les hommes célèbres de l'époque.

Le 9 juin 1566, Jean Boissard était à Metz remplissant les fonctions de parrain au Temple des réformés.

En 1574, Boissard faisait imprimer à Bâle un petit volume in-16 contenant ses premières œuvres: épigrammes, élégies et lettres; le tout en latin panaché de grec.

En 1575, il faisait frapper une médaille de bronze à son effigie et reproduisant au revers une légende grecque : la vertu qui repousse les attaques de l'envie ; allégorie assez transparente qui indique suffisamment que Boissard ne pouvait se tenir en repos nulle part. Il était alors en train de refaire de l'archéologie en Italie. Il vint à Padoue en 1576, quand la peste enleva son meilleur collaborateur, Lentulus Ventidius, qui lui légua ses *icones diversorum hominum*, précieux recueil d'hommes célèbres de la Renaissance.

Boissard ramena à Metz son élève dont l'éducation était terminée, et qu'attendait une mort glorieuse, à l'attaque d'Anvers en 1583.

Le baron de Clervant ayant chargé Boissard de faire l'éducation de son plus jeune fils Gédéon, ils allèrent visiter les Pays-Bas. En 1581, Boissard faisait publier par Caspar Reitz, de Malines, et graver par Abraham de

Bruyn, un album oblong qui renfermait les costumes des diverses nations de la terre : *Habitus variarum orbis gentium* : *Trachten mancherley Vœlker des Erds-Kreyss.* Cette œuvre était ornée du portrait des demoiselles Nicole et Loyse de Vienne, auxquelles cette collection était expressément dédiée.

Après sept ans de pérégrinations au travers des grands centres d'instruction de Flandre et d'Allemagne, nos voyageurs rentrèrent en 1583, à l'hôtel que les de Vienne possédaient dans ce que nous appelons aujourd'hui à Metz, *l'impasse des Trinitaires,* non loin de l'église Sainte-Ségolène et de l'ancien palais des Rois d'Austrasie.

Metz était alors en grand émoi. On attendait le favori du roi de France, un petit cadet de Gascogne (suivant l'expression du temps) qu'Henri III venait de faire gouverneur des Trois-Evêchés, « ayant promis de le rendre » si puissant qu'il ne pourrait pas lui ôter ce qu'il lui » aurait donné. »

Ce seigneur si aimé du Souverain était Jean-Louis de Nogaret de la Valette, dont la terre d'Espernon dans le Languedoc venait d'être récemment érigée en duché-pairie.

Les comptes de la ville de Metz portent la dépense qui fut faite pour le « voyage que Messieurs ont fait avec » Messieurs les gouverneurs et président à aller à » Maisière-sur-Meuse faire la révérence au Roi, et con- » gratuler et assentir Monseigneur le duc d'Espernon » du gouvernement de cette ville que le Roi luy ait » donné. »

Les délégués messins furent MM. d'Abocourt et

Noblet, que les comptes de la ville nous apprennent être allés, en 1583, à la cour pour les affaires de la ville.

En janvier 1583, « le Roi avait pris dans les coffres » de l'hôtel de ville de Paris cent mille écus pour les » bailler aux ducs de Joyeuse et d'Espernon pour les » frais de leur voyage en Lorraine où ils allaient voir » leurs parents. » Le dimanche 20 février 1583, Henri III fit faire au Louvre le festin du mariage du comte de Brienne de la maison de Luxembourg-Ligny, âgé de 18 ans, avec la sœur du duc d'Espernon âgée de 12 ans. « Ce mariage, dit l'Estoile, fut fait par l'exprès » commandement du Roi voulant gratifier son *archi-* » *mignon.* » Et cet écrivain nous apprend qu'Henri III partit de Paris le 27 mai avec ses deux amis et se rendit à *Mezières* où il se fit porter de l'eau de la fontaine de Spa. « Cependant le Roi bailla au duc d'Espernon » son archimignon le gouvernement de Metz, Toul » et Verdun, avec toute libre administration et fit en- » tendre qu'il les lui avait engagées pour la somme » de 300 mille escus. »

Le gouvernement français était représenté alors à Metz, par M. de Laverrierre qui y commandait en qualité de lieutenant de Roi, et par M. Viart chargé, depuis 1568, de statuer avec le titre de Président, sur les différends soulevés entre les habitans et les gens de guerre en garnison à Metz et aux environs.

Laverrierre demeurait dans l'hôtel de la Haute-Pierre, que la ville avait loué au Chapitre de la Cathédrale, près de la Citadelle.

Le 8 février, la ville faisait paver un espace de 9

toises devant le *jeu de paulme* de Monsieur *la Vairier*, et en avril, 16 toises devant la maison de M. le Président Viart.

Le 12 février arrivait inopinément à Metz le duc d'Espernon avec les évêques de Verdun et de Châlons. La ville leur offrit le vin d'honneur et le duc d'Espernon étant repassé le 6 mars on lui fournit des brochets cherchés exprès au village des *Etangs;* on était alors en carême.

Au même moment le pays était inondé de bandes allemandes qui venaient se mettre à la solde du roi de France contre les huguenots. Les comptes municipaux nous montrent les messagers de la ville expédiés d'un côté vers Maxtadt, vers Boulay, pour trouver les gens de guerre, et de l'autre avertir les villageois de sauver leurs biens de ces gens de guerre et ordonner à ceux de *Jouy, d'Ars-sur-Moselle, Novéant, Corny,* « d'amener leurs pontons à Metz, à la pointe de *l'île* » *Chambière* contre l'Hospice de la *Cornue-Géline.* » Le 9 avril ces bateaux servaient à passer à la hauteur de *Malroy* les troupes que le sieur de Montreulx conduisait au Roi de France.

Pendant que les habitans étaient aux prises avec ces soudards étrangers qui n'avaient de patrie et de religion que celles des souverains qui les payaient le mieux, pendant que le pays était ruiné par ces passages de troupes, les autorités de Metz n'étaient occupées que de bien recevoir le duc d'Espernon et d'autant plus vivement que le bruit courait que le Roi viendrait assister au triomphe de son inséparable.

A qui s'adresser dans l'occurrence pour organiser

cette réception d'une façon digne d'un souverain?
On crut ne pouvoir mieux faire que de s'adresser à
Jacques Boissard. Notre antiquaire voyageur se mit à
l'œuvre, et il composa un travail d'ensemble tant pour
Metz que pour Marsal, parce que le commandant de cette
petite place forte, Fouquet de la Routte, comptait aussi
sur la visite du duc d'Espernon, dont il avait été le
compagnon d'armes. Nous pensons même que ce fut
M. de la Routte qui indiqua Boissard.

Les deux peintres messins, maîtres Lorme et Gabriel
Gallois, furent chargés de confectionner 37 écussons
aux armes de la ville, des gouverneurs avec les devises
du duc d'Espernon. Ils touchèrent 60 livres le 2 mai.
Après avoir terminé ces armoiries, ils entreprirent un
arc de triomphe avec tableaux en bronze, que leur
avait esquissé Boissard, puis trois statues monu-
mentales, puis une pyramide avec personnages allé-
goriques.

Le 11 juin, ces artistes donnaient leur note qui se
termine par ces mots naïfs:

« Aussi avons fourni toute la colle que nous avons
» mise en œuvre et quelques couleurs qu'il faut em-
» ploier aux figures comme terre d'ombre et brun
» d'Angleterre. » — Suivait l'apostille :

« Monsieur le Recepveur deliurez à Maîtres Lormes
» et Gabriel, peintres sur et à bon compte de la be-
» soigne cy-dessus qu'ils ont fait et feront cy-après,
» pour l'entrée de Monseigneur le duc d'Espernon, la
» somme de 60 livres.

« Fait à Metz ce XI de Juin 1583.

» MONDELANGE, J. PRAILLON, HENRIAT de VILLER. »

Le 15 juin était payé « à Fanchon la revenderesse
» demt derrière la grande Esglise (Rue du Vivier), 18
» livres pour ung tour de lictz de serge verd avec les
» rideaulx pour M. de la Routte, mc de camp auquel
» il a été fourny aujourd'huy et 6 gros à ladite Fanchon,
» pour son vin. »

Le 25 juillet était préparé un repas de gala pour
Messieurs de l'hostel de ville, et le lendemain un autre
où l'on mangea 18 paires de pigeons, 22 poulets, 12
poulets d'Inde, 18 pièces de pâtisserie, pain blanc et
dessert, sept veaux, 1 mouton et demi et où l'on but
100 pots de vin ; le tout montant à la somme de 30
livres 19 sous 2 deniers.

Le 28 juillet, le duc d'Espernon était dans sa litière,
au delà de Montigny, à Fristo, où Mgr. de Coislin devait
faire construire le château de Frescati, devenu historique depuis le 28 octobre 1870, jour où en ce lieu
s'est signée la reddition de Metz aux allemands.

Il est temps de laisser la parole à l'organisateur
lui-même de la fête officielle, mais auparavant men-
tionnons cette précieuse note trouvée par nous dans
les archives municipales (¹), qui ne laisse aucun doute
sur l'authenticité de notre manuscrit :

Monsieur le Recepveur, delipvrez au sieur Boissuirt la somme de
XII escus que luy avons ordonné pour avoir faict un petit livre sur
l'entrée de Monseigneur le duc d'Espernon en ceste ville duquel
l'on se pourrait de beaucoup servir à quelques aultres entrées soit
du Roy, Monseigneur et quelques aultres grands seigneurs en

(¹) Portefeuille C. 38 (acquits et comptes), depuis classé sous
le n. 813.

2

rapportant la présente ladite somme des dits douze escus vous serez admis en despens à la reddition de vos comptes.

Fait à Metz, le IIII jour de febvrier 1584.

TRAVALT LE MINOR.   PRAILLON.

Ce mandat de paiement est suivi du reçu de Boissard qui permet d'affirmer que notre manuscrit est tout entier de sa main. Ce reçu est ainsi conçu :

Je soubsigné ay reçu dudit Seigneur receveur les ditz douze escus qu'il a plu ous dits seigneurs me donner.

Le 4 martii M.D.L.XXXIIII.

J. BOISSARD.

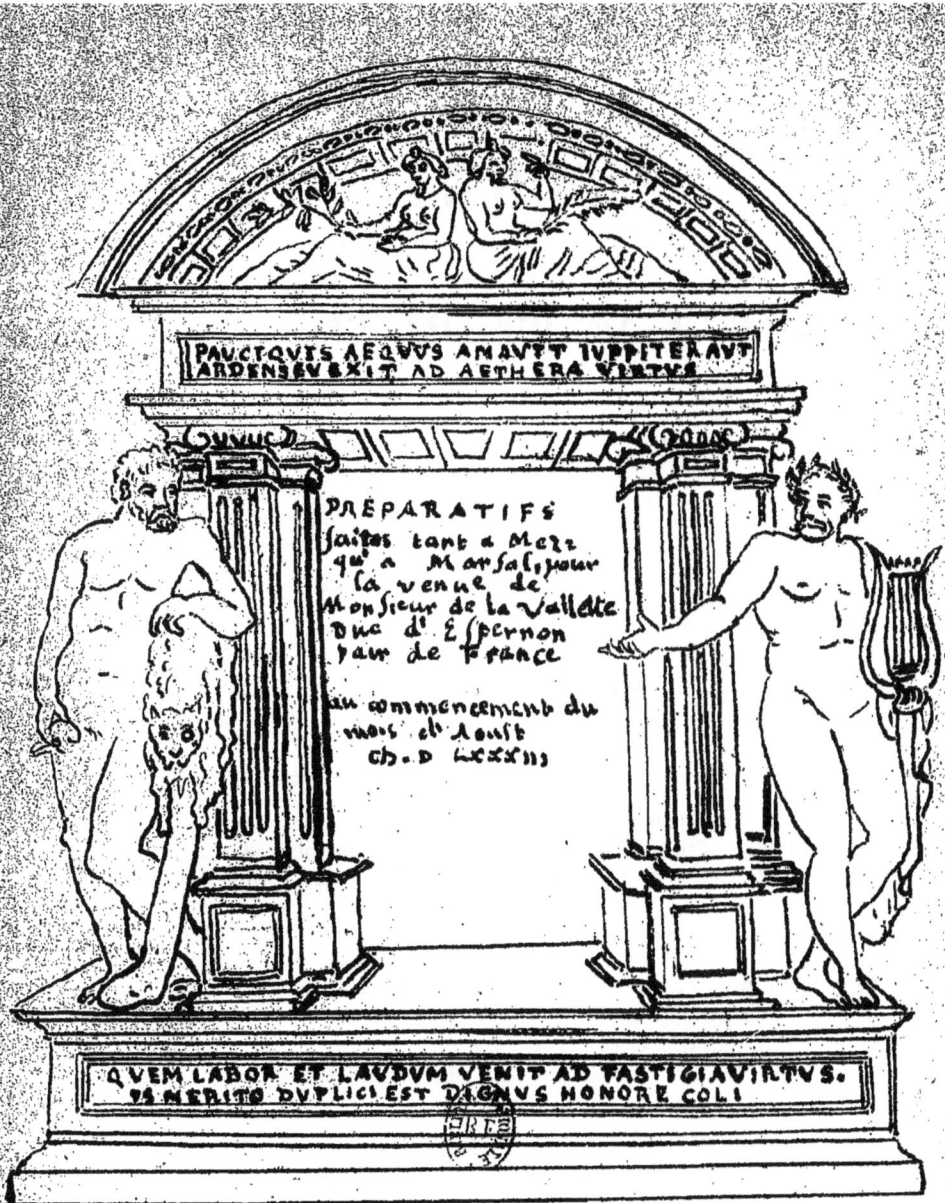

PAVCI QVOS AEQVVS AMAVIT IVPPITER AVT
ARDENS EVEXIT AD AETHERA VIRTVS

PRÉPARATIFS
faites tant a Metz
qu' a Marsal, pour
la venue de
Monsieur de la Vallete
Duc d'Espernon
pair de France

au commencement du
mois d'Aoust
ch. D LXXXIII

QVEM LABOR ET LAVDVM VENIT AD FASTIGIA VIRTVS.
VS MERITO DVPLICI EST DIGNVS HONORE COLI

C. A.

ENTRÉE

DE

MONSIEUR LE DUC D'ESPERNON

DANS LA VILLE DE METZ

LE ** D'AOUST 1583 (¹)

Monsieur de la Verrière (²) lieutenant pour le Roy dans la ville de Metz, ordonna pour la venue de M. de la Valette duc d'Espernon que toute la bourgeoisie se tint preste pour

---

(¹) Il est à remarquer que Boissard a laissé en blanc le quantième du mois d'août 1583. Des écrivains messins modernes ont comblé cette lacune en donnant le 10 août comme jour de l'entrée du duc d'Espernon dans Metz, sans indiquer la source où ils avaient puisé ce renseignement qui est contredit par la *Chronique rimée de Metz*. Ce document rédigé, semble-t-il, au courant des événemens par des contemporains, s'exprime ainsi:

> Le vingt-huictiesme jour de ce moys
> Mil cinq cent octante et encore trois
> Fut que Jean Loys de la Vallette duc d'Espernon
> Entra à Metz, en grand renom.

On ne peut pas mieux préciser une date. La mention faite par Boissard d'une façon assez vague ne peut s'expliquer que par une erreur ou parce que le duc d'Espernon, arrivé le 28 juillet, prolongea son séjour jusqu'au commencement du mois d'août.

(²) Ce monsieur de La Verrière, qui exerçait une telle autorité

luy aller au devant. Ceux du magistrat habillez de satin noir, avec cappots de caffat à gros grain, tous à cheval, suivaient le président Viart.

Soixante ou davantage des enfants de la ville choisis des plus apparens et des plus addroits, habillés de caffat céleste, avec longues escharpes de taffetas blanc et noir, petits chappeaux garnis de beaux pennaches de plumes d'aigrette, la pistole au poing et bien montés suivaient le magistrat.

Les argolets ou carabins avec leurs casaques d'escarlatin croizez de croix blanches, chacun son harquebuse sur l'arçon de la selle, suivaient en bon ordre, conduits par Monsieur Missar, leur capitaine.

Après venoient les soldats de la *Citadelle* et toutes les compagnies de la ville, quasi tous ayant morions dorez, portant les uns harquebuses, les autres leurs piques; chasques compagnies conduittes par leurs capitaines ([1]).

Tout le reste de la bourgeoisie estoit en armes, fort

---

sur la bourgeoisie messine s'appelait de son nom de famille Philippe Senneton. Il était capitaine de 50 hommes d'armes. La *Chronique rimée de Metz* en parle ainsi :

> Monsieur de la Vairier qui pour lors gouvernait
> La ville et pays, selle et bride y fit mettre,
> A tous seigneurs et dames et aussi au boucher,
> Et à tous autres bourgeois et à cheval léger.

La milice messine se recrutait au moyen âge parmi la corporation des bouchers dont les étaus avoisinaient les trois anciennes entrées principales de la Cité, dans la rue de la *Vieille-Boucherie* où était jadis la porte Serpenoise, dans la rue de la *Petite-Boucherie* près de la porte Sailly, et dans la rue des *Boucheries-St-Georges* en avant de la porte Moselle.

([1]) La *Chronique rimée de Metz* dépeint de son côté les bourgeois avec de grands panaches et braves tenant en leurs mains leurs bâtons de feu et leurs fourchettes puis ajoute:

brauement équippé; et conduit par Monsieur de *Grosyeux* (¹) habillé avec ses troupes à l'Allemande.

Ainsi sortirent toutes ces troupes loin hors de la ville avec Monsieur de la Verrière lieutenant pour le Roy et le président Viart, qui après avoir accueilly et fait la reverence à Monsieur le duc d'Espernon, qu'ils rencontrèrent environ une petite demi-lieue hors des portes, et receus de luy avec joyeux et gracieux visage, tornèrent tous ensemble chemin contre la ville.

Là fust présenté à Monsieur le Duc un dez ou pauillon de uelours, figuré à double pante, richement garni de passements et crespines d'argent : porté par quatre de la justice, mais Monsieur le Duc les ayant mercié de leur bonne volonté et affection, refusa entrer dessous, mais le fist porter devant soy (²).

Pour faire honneur à Monsieur d'Espernon,
Les Françoys aussi diligentement
Se sont armés hastivement
Et tous de la ville ont sorty
Avec armes tous les piétons
Ont sorty tous de bonne façon,
Estant tous habillés à la mode,
De Lansquenet le premier ordre.

C'est-à-dire portant le costume allemand des serviteurs du pays *Landes Knecht*.

(¹) *Grosyeux* est un hameau situé au pied de mont *Saint-Blaise*, à une faible distance du village d'*Augny*. Ce hameau renferme encore aujourd'hui un château qui a de tous temps valu des droits seigneuriaux à son propriétaire jusqu'à la Révolution française.

(²) Nous ne savons pas pour quelle raison Boissard ne nous a pas représenté nos magistrats messins portant leur dais comme certains artistes l'on fait pour d'autres réceptions solennelles. On comprend que d'Espernon ait décliné l'offre de se placer sous le dais, cet honneur étant réservé aux têtes couronnées; et il le fit d'autant plus à propos que le roi était à ses côtés, mais jouissant des franchises de l'incognito.

Estant arriuez à la *porte Saint-Thiebault* (¹), furent receus à force harquebusades et canonades qui, tant de la
Citadelle prochaine que de tous les remparts de la uille
foudroyaient si furieusement, qu'il semblait que tout devoit
être boulleversé par terre.

Deuant la *porte Saint-Thiébault* estoit dressé un fort haut
et magnifique portail ou arc triomphal soustenu de grandes
colonnes corinthiaques crénelées, et ayant les chappiteaux
dorez (²). Au frontispice duquel estoient élevées trois statues colossées : au mylieu de Mars, à dextre de Moselle,

---

(¹) Nous avons du fameux graveur Israël Sylvestre Henriet une
vue de Metz représentant précisément les remparts de la *Citadelle*
vus de la *porte Saint-Thiébaut*. Ce nom provient de ce que près
de cette entrée de Metz se trouvait une église et des bâtiments ap-
partenant à un Chapître de chanoines qui s'étaient placés sous le
patronage de Saint Thiébaut, en allemand *Theobald*.

(²) Boissard ne nous a pas laissé le dessin de ce portique avec
le Dieu Mars flanqué de la Moselle et de Palès, le tout surmonté
d'une fleur de lys. Il aurait pu nous le donner comme frontispice
au lieu de celui que nous avons, représentant d'un côté Hercule
nu, accoudé sur la massue que recouvre en partie la peau du lion
de Némée, de la main droite il tient le long de sa cuisse la pomme
du jardin des Hespérides. Il fait symétrie avec un Apollon à moustaches aussi nu, tenant sa lyre de la main gauche et indiquant l'entrée de la ville de la droite. Plus haut deux jeunes femmes assises
et adossées, agitaient au-dessus de la tête du nouvel arrivant l'une
la palme de la Victoire, l'autre le rameau d'olivier de la Paix.

L'édition des *Emblèmes* de Boissard, parue à Metz en 1593, donne
de ce dessinateur comme frontispice un portique qui n'est pas
sans rappeler le nôtre. Nous y remarquons au sommet deux femmes assises tenant des cornes d'abondance. Contre la colonne de
gauche, Hercule nu tient la pomme au-dessus de sa tête de la main
gauche, et de la droite une lyre, ce qui est une anomalie. Lui fait
face Minerve revêtue du peplum ayant le bras gauche reposant sur
l'Égide à tête de Méduse et tenant la haste de la main droite élevée
à la hauteur du front que recouvre un casque panaché. Nous retrouverons plus loin un croquis analogue de cette divinité.

tenant une cruche rendant abondance d'eau et de l'autre
main un saumon. A gauche estoit la déesse rustique Palès
avec sa houlette et sa musette.

Au plus haut du portail estoit une grosse fleur de lis
d'or, coronée, au pied de laquelle estoit escrit :

LILIA CRESCERE NIL PROHIBET (¹).

Au mylieu du grand portail sous la statue de Mars estoit
une grande inscription en une table d'attente :

QUOD FELIX FAUSTUMQVE SIT.
IANO VALETI DUCI EPERNIONIO PEDESTRE ORDINUM
MAGISTR : REGIS GALLIAR : INVICTISS ET CHRISTIANISS :
METIS MEDIOMATRICUM UT VICES OBEAT, BONO TO :
TIUS PROVINCIAE MAX : METROPOLIM INGREDIENTI
DD. IPSI PENATES LOCI TUTELAR : P. P.

Au-desoubs de l'architraue, sus l'arc du portail, estoit
une autre table entre deux victoires ailées et tenant de l'une
des mains une palme, de l'autre des corones d'or qu'elles
présentaient au duc, à son entrée; en la table estoit escrit :

HÆC PATRII MONUMENTA TIBI STATUERE PENATES
UT DIGNÈ RECIPI, DUCIQUE AD MŒNIA POSSIS
UTRIBUO ET PROPRIO PATRIAM SIBI IURE TUERI
QUÆ LICET ÆTHEREAS VICISSENT VERTICE SEDES,
NON TAMEN ÆQUA TUIS ESSENT VIRTUTIBUS. ERGO
ISTA VOLENS, FACILISQUE SUBI : SIMILISQE DEORUM
AUGUSTIS PER TE MAGNUM DATO REBUS HONOREM.

Au costé droict, desoubs la statue de Moselle, estoient

(¹) Cette devise qui en français signifie : « rien n'empêche les lys
de croître » était une menace assez transparente d'annexion à
l'adresse des petits États voisins. Thionville et Luxembourg étaient
encore aux rois d'Espagne, Sierck et Boulay au duc de Lorraine,
la Basse-Moselle était régie par l'Archevêque de Trèves.

deux grands tableaux (¹) : en celuy d'en haut estoit Juppiter, Neptune et Pluton : au mylieu desquels voloit Mercure
avec son caducée en l'une des mains, en l'autre il tenoit un
chappeau de laurier avec du billon d'or, d'argent et de fer :
qu'il présentait au duc avec cette inscription (²) :

IMPERIIS QUORUM CŒLUM MARE TERRA REGUNTUR,
TRINO TER MAGNUM FACIENT TE MUNERE FRATRES.

Au tableau d'en bas estoit le duc conduit par Pallas armée et tenant son Aegis en la gauche ; le duc tenoit occasion par les cheueux (³) que le temps lui poussait entre les
mains. Subscrit :

IMPERIUM REDDUNT PER TEMPUS UTRUMQUE PERENNE
QUÆ TRIA MAGNANIMO SUPERI TRIBUERE VALETTI.

Au costé gauche desoubs la statue de Palès estoient autres deux grands tableaux d'esgalle mesure que les autres.

(¹) Il est à regretter que Boissard n'aît pas jugé à propos de
nous retracer le croquis de ces quatre tableaux du portique de
Saint-Thiébaut comme il l'a fait pour ceux qu'il a fait exécuter pour
Marsal.

En représentant Mercure apportant l'or, l'argent et le fer à pleines mains au nouveau gouverneur au nom des trois divinités qui
président à la terre, aux enfers et à la mer, Boissard faisait l'éloge
de la richesse des Trois-Évêchés.

(²) Les frères dominateurs suprêmes du ciel, de la terre et de
la mer te font trois fois grand par ce triple présent.

(³) Boissard conseillait au duc d'Espernon de profiter de l'occurrence ; mais si l'on en croit les mémoires du temps, ce grand
seigneur n'avait pas besoin d'encouragements sur ce point. Il était
aussi avare par goût qu'il était prodigue par amour du faste. Aussi
dans tous les gouvernements qu'il obtint de la munificence royale,
il se distinguait par son ardeur à exiger des contributions telles
sur les habitants qu'il lui fallait en retirer chaque année un million,
sinon il n'était pas satisfait.

En celuy d'en haut estoit le duc armé et coroné à l'antique, conduit par Mercure qui avec son caducé lui montroit un throne apresté magnifiquement sur un haut théâtre. Après le duc, suivoient des soldatz armez à l'antique, portant les aigles et enseignes de l'Empire romain avec ceste inscription :

HAEC EST VIRTUTI NON CUIVIS DEBITA SEDES (¹).

Au tableau d'embas estoit le duc assis entre les quatre vertus qu'on appelle cardinales (²): justice, prudence, force et tempérance : auec cest escrit : (³)

VIRTUTE IMPERIUM PARTUM VIRTUTE TUEBOR.

Le reste estoit de tous costez orné de force chappeaux de triomphe : au mylieu desquels estoient les armoiries de France, du Duc et de la Ville de Metz (⁴).

Par ce portail entra le duc dans la ville, précédant toutes les compagnies susdictes en très-bon ordre, qui ensemble se vindrent rendre sus le *Champ passaye* (⁵), place d'une

---

(¹) En français : Ce trône qui est la récompense de la valeur n'est pas accordé au premier venu. Ces légionnaires antiques et ces aigles romaines n'étaient-ils pas une expression de la pensée qu'avaient les rois de France depuis François premier, de disputer la couronne impériale aux princes de la maison d'Autriche?

(²) Cette flatterie cadre assez mal avec le portrait qu'a laissé le P. Anselme du duc d'Espernon : Il fut, dit-il, un homme d'esprit, hardi, d'un cœur intrépide, qui avait des pensées vastes, beaucoup de grandeur et de fermeté, mais d'un naturel brusque, hautain et fanfaron.

(³) Je défendrai par le courage une autorité acquise par le courage.

(⁴) La cité de Metz porte pour armoirie depuis des siècles : l'écu mi-parti d'argent et de sable.

(⁵) Boissard écrit comme on parlait alors à Metz, et lui anti-

extrême grandeur, où Monsieur de la Routte (maistre de camp des compagnies françaises, qui sont à Metz, Toul, Verdun et Marsal), auait fait dresser un Fort en forme de citadelle, et s'estoit là retiré avec bonne garnison, s'opposant aux troupes venantes, comme si elles eussent été ennemies, et leur refusant l'entrée.

Soudainement furent faicts force gabbions, les artilleries bracquées ; les rampars dressez par grand nombre de pioniers habillez tous de blanc et noir ; qui y besoignoient autant sérieusement, comme si la chose eust esté sans feintise. Plusieurs escarmouches furent données d'un costé et d'autre, où il faisait bon veoir le soin et promptitude des soldats, la bonne grâce des capitaines, qui n'oublioient rien de tout ce qui a de coustume d'aduenir en tel cas, et exprimaient le tout si proprement que merveilles ; singulièrement Monsieur de la Routte gouverneur de Marsal (homme expert et pratique au fait de guerre autant que homme de France), desployoit à l'encontre de son frère qui estoit dans le Fort, toutes les ruses, cautelles et industries qui sont requises pour surprendre ou avoir par force une place assiégée. L'autre de son costé ne laissoit rien en arrière de ce qu'il failloit pour brusquement rembarrer la furie des assiégeants, rompre leurs desseins, descouvrir

---

quoire, ne semble pas se douter qu'il s'agit ici de l'ancien *Champ de Mars* des Mediomatricks sous l'occupation romaine qui longeant la rive gauche de la Seille en prit le nom de *Campus Saliæ*. Ce vaste emplacement est resté pendant des siècles le lieu des assemblées populaires et le champ de foires des messins. Au moyen âge, on l'appelait le *Champ à Seille*. La bulle d'or y fut proclamée en 1356 par l'empereur Charles IV. En 1726 la ville y fit bâtir des casernes de passage avec les fonds de l'Évêque Coislin, et décida par reconnaissance que l'intervalle laissé libre en garderait à perpétuité le nom de *place Coislin*. En 1583 cet espace appelé par corruption de langage *Champassaye* s'étendait jusqu'aux rues actuelles de Coislin et du Cambout.

ΑΛΛΟΠΡΟΣΑΛΛΟΣ ΑΡΗΣ ΜΕ ΤΕΛΕΥΔΣΦΑΙΔΙΜΟΣ ΑΝΔΡΩΝ
ΓΙΓΝΟΜΕΝΗΝ ΠΟΛΕΝΩ ΣΩΖΟΗ ΑΝΕΥ ΠΟΛΕΜΟΥ

C. A.

leurs embusches, chasser l'ennemy qui avoit occupé une colline couverte d'arbres (plantez à cest effet), que les assiégez par plusieurs saillies forcèrent et aiant tué partie des ennemis, mirent le reste en fuitte, coupèrent le bois et le traînèrent dans leur fort, tant pour oster une retraitte commode aux assiégeans, que pour s'en servir à la réparation des murailles auxquelles l'artillerie faisait incessamment grand dommage.

En somme après plusieurs rencontres faictes de costé et d'autre, la batterie furieusement dressée, les murailles du Fort ià presque tout renversées et bresches de tous costés largement ouvertes ; deux assaux liurez autant brusquement que si c'eust esté à bon escient, toutes les compagnies estans approchées des murailles, et l'assaut général prest à estre liuré ; les assiégez furent sommez de se rendre et recevoir le Duc en leur Fort, qui avec toute bénignité et clémence promettoit les traitter comme valleureux et dignes, lesquels après plusieurs fois ayant parlementer avec l'ennemy, considérant leur fort démantelé de tous costez, les munitions faillies, les soldatz ou mors ou pour la plupart blessez, estans aussi conviez par la grandeur, clémence et débonaireté du Duc (après que en trois heures ils eurent mis en auant tout ce qui se peut veoir en un siège de ville pressée à toutes extrémités), Monsieur de la Routte, maistre de camp fust content de céder la place au Duc avec toutes les conditions auantageuses que peuvent recevoir capitaines et soldats valeureux et de bon cœur, ascavoir bagues sauves, enseignes desployées, la mesche allumée, les armes au poing, la balle en la bouche, le chien couché sur l'arquebuse, et le tabourin battant, quittèrent la place.

Le Duc auec toutes les trouppes s'acheminant au Fort, soudainement le portail du Fort fust ouuert et aux créneaux d'en haut fust leuée la statue du Duc armée à l'antique et à costière de luy fust érigée la statue de la France, de l'une des mains tenant un rameau de fleurs de lis, de l'autre présentoit au Duc un rameau de laurier en signe de victoire et grandeur, en la frize du portail estoit escrit :

ΑΛΛΟ ΠΡΟΣ ΑΛΛΟΣ. ΑΡΙΣ ΜΕΤΕΚΕΝ ΣΥ ΔΕ ΦΑΙΔΙΜΟΣ
ΑΝΔΡΩΝ ΓΙΓΝΟΜΕΝΗΝ ΠΟΛΕΜΩ ΣΩΣΟΝ ΑΝΕΥ ΠΟΛΕΜΟΥ

Depuis le *Champ passaye* tout ce train passa en la *place du Change* (¹); on auait dressé une haute pyramide triangulaire, en la base de laquelle estoient diuers trophées. Sur le plus haut estoit un grand globe céleste peint d'azeur et semé d'estoilles d'or auec son zodiaque alentour ; le globe estoit soustenu par trois statues colossées du Duc, de Hercule et de Athlas.

Au premier fronton de la pyramide soubs la statue du Duc estoit peinte sa deuise, une montagne ardente, et alentour les orages bruyans, de tous costez les foudres, gresles et tempestes auec ceste inscription (²) :

ADVERSIS CLARIUS ARDET.

(¹) La *place du Change* s'appelle aujourd'hui *place Saint-Louis*, depuis le jour qu'un curé de Saint-Simplice fit mettre la statue de ce roi de France au-dessus de la fontaine publique dite de *Saint-Auctor*. Elle coulait au milieu de la place en face de l'église Saint-Simplice qui, démolie a donné naissance à la *place Friedland*. La pyramide dont Boissard nous donne l'élégant dessin et la parfaite description nous semble avoir été élevée précisément devant l'entrée de l'église Saint-Simplice. Les bâtiments crénelés à arcades qui régnaient sans interruption en face de ce temple (la rue Neuve-Saint-Louis n'existait pas) avaient été bâtis par les changeurs qui offraient au moyen âge leurs monnaies de tous les pays dans des petites sébilles, assis sous les arcades sur des bancs (d'où les termes de banquiers et de banqueroute). La voie publique qui relie la *place Saint-Louis* avec le bas de *Fournirue* a conservé le nom de *rue du Change*.

(²) Les adversaires le rendent encore plus brillant et ardent.

Pyramide
posée sus la
place du change.

ADVERSIS CLARIVS ARDET

ALTER ERIS NOBIS ALCIDES ALTER ET ATHLAS.

C. A.

Et un peu plus bas, en la corniche de la base estoit escrit ([1]) :

ALTER ERIS NOBIS ALCIDES, ALTER ET ATHLAS.

En l'autre fronton soubs la statue d'Athlas estoient peints grands rameaux de lis au naturel sus un champ d'azur semé de lis d'or mis en quinquonce soubs lesquelz estoit cest escritteau ([2]) :

MANIBUS DATE LILIA PLENIS.

Au troisième fronton soubs Hercule estoit la deuise de Monsieur de la Verrière : un bras et main droitte qui a coups de marteau brisoit un rocher, subscrit ([3]) :

DURUM PATIENTIA FRANGIT.

Depuis ceste place en mesme pompe que dessus, il entra en *Fornirue* ([4]) ; et à tous carrefours par où il passait, estoient pendus festons de lierre, auec force clinquans et chappeaux de triomphe : au mylieu desquelz estoient les armoiries de France, de la ville de Metz et du Duc, auec sa deuise qui estoit attachée en plusieurs endroits de la uille par où il devait passer.

Ayant donc traversé *Fornirue* qu'on auoit toute couverte de menu sable pour l'aise des cheuaux ([5]), le duc se vint

---

([1]) Tu seras pour nous un autre Hercule et un autre Atlas.

([2]) Donnez des lys à pleines mains.

([3]) *La patience brise les choses les plus dures.*

([4]) C'est *Fournirue* que l'on présume s'être jadis appelée *Furnelrue*, dérivation des mots latins *Furnellorum vicus*, rue des Fourneaux, parce que depuis des siècles les orfèvres y fondent des métaux précieux dans des petits fours à reverbères.

([5]) Cette rue est d'une pente très-raide, aussi les voitures publiques ne la fréquentent-elles pas.

rendre sus la *place devant le Palais* ([1]); où on avait dressé un grand demy obélisque ([2]), et dessus on avait posé la statue de la ville de Metz en grandeur colossée et forme de la déesse Cybèle portant sur sa tête une corone tournée et tenant aux deux mains des rameaux de lis ; en la base de l'obélisque estoit escrit :

CAROLEI VIXI MAGNIS VIRTUTIBUS AUCTA
TEMPORE QUO GALLOS VERITA EST GERMANIA FASCES
SUBIECERE MEIS AQUILIS TRIA LILIA : SED NUNC
LILIA CAROLEI MIHI RESTITUERE NEPOTES
TALIBUS AUSPICIIS SUPERABO PERICULA CUNCTA.

Sus le portail de la grande église ([3]) estoient entrelassez gentillement et de bonne grâce plusieurs festons auec clinquans, roullez, colorez et chappeaux de triomphe ausquelz estoient enueloppées les armoiries du Roy et du Duc, auec sa deuise et au mylieu de tout en une table d'attente estoit escrit ([4]) :

UN DIEU, UN BAPTESME, UNE FOY
ET VIVRE EN PAIX DESOUBS UN ROY.

([1]) Après avoir dépassé le carrefour historique de la *rue Taison*, l'escorte arriva à ce qu'on appelle encore à Metz le *Haut de Fournirue,* et trouva à main gauche le *Palais,* vaste bâtiment ogival à créneaux que la cité avait fait construire en 1335 pour que le Maître-Échevin avec son Conseil put y tenir ses séances et les magistrats les Treize y donner leurs audiences.

([2]) Boissard ne nous a pas laissé le croquis de cette statue colossale de Metz qui aurait été bonne à étudier.

([3]) Il s'agit du beau portail ogival que Blondel devait masquer avec ses arcades grecques et que l'on est en train de rétablir en son état primitif entre la tourelle de l'Horloge et la Chapelle de Notre-Dame de la Ronde.

([4]) Cette inscription fut ensuite placée par ordre dans l'intérieur du Temple protestant de Metz de la rue de la Chèvre.

Au devant du loggis du président Viart (¹) estoient aussi plusieurs festons et chappeaux couurant le fronton de l'entrée, et courans jusques à l'autre costé de la rue auec les armoïries du Roy, du Duc, de la Ville et du Président. En haut estoit élevé un tableau où estoient peincts plusieurs armes amoncelées en une montjoye, et au-dessus estoit escrit :

VIS CONSILII EXPERS RUIT (²).

(¹) Nous ne savons pas où demeurait ce premier magistrat français. Nous supposons qu'il s'était installé au Palais épiscopal, situé contre la Cathédrale, où se voit aujourd'hui le marché couvert. L'Évêque n'était pas à Metz en ce moment, mais à Nancy; c'était alors un membre de la famille Lorraine, il était par conséquent attaché aux Guise et aux ligueurs. Non-seulement le Président s'était emparé du logis du prélat messin, mais il avait fait placer l'estrapade sous ses fenêtres, devant l'église Saint-Gorgon (où est la statue du maréchal Fabert).

(²) *La force succombe sans la prudence.*
C'était sans doute la devise du président Viart, seigneur de Villecazin et de Candot; et le tableau représentant un trophée militaire ne serait autre que ses armoiries. Nous savons cependant par les nobiliaires que les vraies armoiries de la famille Viart étaient *d'or au phénix de sable posé sur une immortalité au bûcher de gueules, au chef d'azur chargé de trois coquilles d'argent* avec la devise : VIvit et ARDet.
Nous en sommes encore à nous demander pourquoi Boissard, que nous allons voir si explicite sur la décoration des appartements préparés à Marsal pour recevoir le duc d'Espernon, ne dit pas un mot des dispositions prises dans le même but à Metz, à l'Hôtel de la Haute-Pierre. Les notes des fournisseurs sont là qui ne permettent pas le moindre doute sur l'importance de ces travaux d'appropriation. Il y a eu des tableaux de peints avec devises et inscriptions comme à Marsal. On peut expliquer le tout en supposant que ce sont les quatre tableaux représentant Henri III et son favori qui devaient servir à Marsal après avoir été exposés à Metz dans la chambre d'apparat.
Nos décorateurs déclarent avoir peint la *Cheminée de la Sallette* du logis de Monsieur de la Vairière, et l'avoir ornée des armoiries et de

la devise du Roy d'un côté, et de l'autre de celles du duc d'Espernon, le tout peint en champ d'azur avec feuillages; sur le buffet, les armoiries de M. de la Vairière surmontées du heaume et des lambrequins et deux hommes nus qui tiennent ces armoiries.

A cette époque les artistes abusaient de la nudité, Boissard a payé tribut au goût de l'époque, qui était surtout celui du souverain. Il semble que notre artiste ait voulu, dans ses dessins, démontrer que le duc d'Espernon était bien un homme complet. Nous avons dû nous montrer plus réservé que notre auteur dans les calques de ses divinités à moustaches qui n'étaient autre chose que des portraits du Duc dans le costume du père Adam avant le péché.

Nous ferons remarquer le silence gardé sur le clergé messin qui dans toutes ces démonstrations plus ou moins officielles, brilla par son absence. A la honte de cette époque, un enfant avait été accepté malgré ses sept ans comme chef du diocèse de Metz. C'était le prince Charles II, fils du duc de Lorraine. Il avait en 1583 seize ans, vivant à Nancy à la Cour de son père pendant que son évêché était administré plus ou moins heureusement par son Chapitre. Celui-ci aurait pu venir saluer le nouveau gouverneur, mais il ne pardonnait pas à l'autorité ses condescendances envers les protestants du pays, et ceux-ci se plaignaient de la sévérité du président Viart, qui restreignait l'exercice de leur culte au village de *Montoy-Flanville*.

Le clergé messin se plaignait surtout de ce que les généraux français méconnaissaient les priviléges des maisons canoniales de la *rue des Clercs*, qui avaient toujours été dispensées des logements militaires. Ces demeures regorgeaient en 1583 des seigneurs de la suite de d'Espernon, parce qu'elles se trouvaient à proximité du palais de la *Haute-Pierre*, autre bâtiment canonial converti en Palais du Gouvernement.

C'est ainsi que nous nous expliquons qu'il n'y eût point de *Te Deum* chanté à la Cathédrale. Autre détail à noter, le maître-échevin Didier de Villers les Génivaux ne prononça point de discours de bienvenue, et lui, un royaliste fervent, il affecta de s'effacer dans toutes les cérémonies. Aussi Boissard n'en parle pas et il ne nous en croque pas le portrait comme nous verrons qu'il le fit pour les magistrats de Marsal. La Mutte même resta silencieuse. La bourgeoisie, comme le clergé, était exaspérée par les logements militaires, cette lèpre des villes fortifiées.

VIRTVS SVMMIS EST PLACVISSE VIRIS

APRESTS
faicts a Mausa
par monsieur
de la Roure
Gouerneur
dudit lieu
pour la venue
de monsieur
de la Valette
duc d'Espernon
pair de france

NON DATVR AD TANTOS CVIVIS
CONSCENDERE HONORES
SED CVI VIRTVTIS MVNERE
CONTIGERIT

C.A.

APPRÊTS FAITS A MARSAL

POUR LA VENUE

DE

MONSIEUR LE DUC D'ESPERNON (¹)

Monsieur de la Routte, gouverneur de Marsal auait faict dresser au dehors de la ville, sus le pont qui traverse les marécages sus grandes perches revestues de lierre, et en-

---

(¹) Cet arc de triomphe, imité de l'antique pour jouer le rôle de frontispice, a servi de modèle au frontispice que Boissard a donné en tête de l'édition de ses *Emblèmes*, qui parut quelques années plus tard à Metz en 1588. Ce sont les deux mêmes personnages assis et accoudés, en costume romain de la Renaissance avec la feuille de palmier et la branche d'olivier. Mais les deux divinités du bas sont autres, celle de droite n'est plus Jupiter et son aigle et ses foudres, il est remplacé par Mercure; celle de gauche l'est par Apollon. Ils tiennent tous deux une couronne suspendue sur la tête du personnage attendu sous l'arc de triomphe.
Le frontispice des apprêts de Marsal nous montre Minerve exactement comme Boissard devait la reproduire à Metz dans sa seconde édition de ses *Emblèmes* en 1593. Le portique de Marsal est accompagné de l'inscription grecque ΑΡΕΤΗΣ ΣΚΙΑ ΦΘΟΝΟΣ: *Comme l'ombre suit le corps, l'envie suit la vertu,* qui se trouve aussi sur le frontispice de 1593 et au-dessus du 14ᵉ *Emblème* dédié par Boissard à Jacques Saint-Aubin, médecin à Troyes.

4

grossies au mylieu en forme de balustres, et serrez en rond sus leurs cimes, auec rameaux de chesnes et autres arbres, comme une forme de portique.

Entre les six premiéres perches en arcs estoient six tables, trois d'un costé et trois d'autre, reuestues de nappes blanches en forme d'aultez: dessus chascune on auoit mis des réchaux auec brasiers pour y jetter force encens et tablettes de parfums précieux, qui deuoient parfumer l'air pendant que Monsieur le duc d'Espernon passeroit; chasque aulté estoit enrichi alentour de beaux festons et marqué d'un escritteau en grosses lettres qui dénottoient les principales vertus que la venue du Duc deuoit apporter et faire sentir au pais.

Le premier autel du costé droit auoit en son escritteau entre festons attachez d'un costé et d'autre : HONORI, le second : BENEFICENTIÆ, le troixiéme : CLEMENTIÆ.

Au costé gauche y en auoit aussi trois autres correspondants à ces trois-cy, pendus entre festons, au premier : VIRTUTI, au second : VIGILANTIÆ, au troixiéme : PRUDENTIÆ.

Au mylieu de ces six autelz, y en avait encore un autre dressé de mesme façon, sus lequel estoit ouuert le volume de la parole de Dieu, et couvert d'un ombrage de deux arcs de festons, son escritteau estoit : RELIGIONI.

Parmi ces autelz et portiques de festons, le Duc accompagné de ceux de son train, de Monsieur de la Routte, gouverneur du lieu et de toute la garnison deuoit passer le pont où force encensemens et parfums se faisoient; et estant arriués au bout du pont, les artilleries laschez auec grand bruit tout le peuple là attendant avec des rameaux et fleurs amassez deuoient couurir toute la rue par où il passoit, et hausser sa voix tous ensemble auec grands cris de joye et acclamations de bienueillance comme:

Portiques de festons avec aultelz dressez
deuant la ville de Marsal fus le pont
denant larc triumphal

HONORI

BENEFI CENTIA

CLEMEN TIA

RELIGIONI ET PIETATI

C. A.

Vive le père de la patrie.
Vive le protecteur du pais.
Vive le donneur de paix.
Vien, prince débonaire.
Vien, prince libéral, doux, paisible.
Garde-nous, défends-nous.
Dieu bénis le prince de paix.
Dieu conserve notre soutien.
Dieu le maintienne en bonheur et perpétuelle félicité et grandeur.

Telles et semblables acclamations de bon souhait se deuoient faire d'une voix commune de tout le peuple à son entrée desoubs le portail dressé.

Ce portail ou arc triomphal estoit haut esleué sus grandes colonnes quarrées, ayant les chappiteaux et mollures dorées: tout au plus haut du bastiment de l'arc, s'esleuoit un obélisque quarré coloré en jaspe, sus la cime duquel on avoit posé une grande fleur de lys d'or auec ceste inscription : ÆTERNUM FLOREAT.

Peu plus haut que le mylieu de l'obélisque estoit attachée une table d'attente auec cest escrit : VIRTUTI ET HONORI.

Au-dessus de la table, sortoient d'un costé un rameau de palme, de l'autre une branche de laurier enveloppez d'un chappeau de triomphe.

En la base de l'obélisque y avoit escrit : SÆCULI FELICITAS.

Au costé droit de l'obélisque estoit dressée la statue de l'Honneur, armée à l'antique, tenant en sa main droite un chappeau de laurier, en la gauche une palme.

A ses pieds estoit un large chappeau de triomphe au mylieu duquel estoit escrit :

HANC TIBI PRO MERITIS LAURI DE FRONDE CORONAM,
PRÆMIA VIRTUTI DEBITA, SACRAT HONOS.

De l'autre costé de l'obélisque se leuoit une autre grande statue de Renommée, qui estoit aislée et enfloit deux buccines, l'une du costé de l'orient, l'autre de l'occident :

monstrant par ce geste qu'elle publioit les renom et vertus du Duc de l'un des bouts du monde jusques à l'autre.

Aux pieds de cette statue estoit plié en rond un autre grand chappeau triomphal au mylieu duquel estoit escrit :

MACTE ANIMO, TITULOS AD CŒLUM GLORIA TOLLIT ;
QUÆQUE TIBI SURGIT NESCIA FAMA MORI.

Au-dessoubs de la haute corniche (sus laquelle estoient posées ces deux statues colossées de Renommée et d'Honneur), estoient deux grands interualles gardez entre pilastres ioniques où estoient escrits ces vers quatre distiches en l'un, et les autres quatre en l'autre.

OBRUERAT BELLIS CELTAS CIVILIS ENYO;
ATQUE INTESTINIS GALLICA REGNA MALIS,
LAUS ERAT IN SANCTOS FERRO SÆVIRE PENATES ;
ET PATRIÆ ARMATA PERDERE TECTA MANU
NIL NEQUE CONSILIO REGES POTUERE, NEC ARMIS
CONFERRE, ATTRITIS VIRIBUS, AUXILII
DONEC FELICI TE IUPPITER EXTULIT ORTUS
SOLAMEN GALLIS TEMPUS IN OMNE TUIS.

MITIA QUEIS POSITIS PROCURAS OTIA TELIS,
CLARAQUE DEVICTO MARTE, TROPHŒA LOCAS
PACIFICO EFFUSI CIUES GRATANTUR ET IPSE :
ROUTÆUS PRO TE PUBLICA VOTA FACIT.
SPONTE SUA TELLUS MERITO TIBI LILIA PROMIT.
ATQUE NOUIS DOMINO FLORIBUS HALAT AGER
ET TE MARSALII SERUATOREM URBIS ET ORBIS
DICUNT : ATQUE ALACRES, IO TRIUMPHE, CANUNT.

Et au-dessus de ceste inscription mise en vers estoit escrit en grandes lettres :

QUIETIS PUBLICÆ PROCURATORI
FELICISSIMO SACR.

Au mesme **frontispice plus bas**, estoit dressée une grande table d'attente de costé et d'autre par petits pilastres quarrés où estoit escrit :

PERPETUÆ SECURITATI

IANO VALLETÆO EPERNONIO DUCI, PEDESTR ORD :
GALLICORUM MAGISTRO VIGILANTISSIMO
PRUDENTISSIMO MODERATISS : QUE. PRINCIPI
QUEM CŒLI BENIGNITAS
HENRICIQUE III GALLIAR : REGIS CHRISTIANISSIMI
PROVIDENTIA,
SÆCULO FELICI, MARSALIENSIUM URBI
RECTOREM DEDIT
FOQUETIUS ROUTAEUS, IN URBIS PRÆFECTURA
ILLIUS VICEM GERENS,
CIUESQUE OMNES
QUI SE NOMINI EJUS IN PERPETUUM COLENDO
OBLIGARUNT
PUBLICE VOTIS SUSCEPTIS
UNANIMO CONSENSU
VIRTVTI AC MEMORIA EJUS
D. D.

Au costé droit de ceste inscription estoit la statue de Piété assise et tenant en main les tables de la loy auxquelles estoit escrit :

DEO PATRIÆ, PARENTIBUS ET AMICIS.

Proche de ceste statue, en un grand chappeau de triomphe se lisait ceste inscription :

PIETATIS ASSERTORI PRUDENTISSIMO.

De l'autre part de la grande inscription à costé gauche estoit la statue de Justice (assise aussi comme celle de Piété), tenant l'espée et la balance, et proche d'elle, au mylieu d'un chappeau triomphal se lisoit :

JUSTICIÆ FAUTORI ACERRIMO.

Plus bas de costé et d'autre, desoubs l'architraue du portail, entre deux hautes colonnes quarrées, estoient deux victoires aislées, tenant de l'une des mains rameaux de palmiers, de l'autre ayant chappeaux de triomphe qu'elles présentoient au Duc à son entrée.

Du mylieu de l'arc pendoient grans festons proprement aiancez de fleurs, feuilles et fruicts auec force clinquans et roulets de couleurs, ausquelz estoient attachez à dextre les armoiries de France et à gauche celles du Prince.

Au mylieu des festons s'entrelassant de bonne grâce, estoit la deuise du Duc qui est : une montagne ardente à l'entour de laquelle soufflent les vents, tombent gresles et tempestes de toutes parts, l'escrit est : ADUERSIS CLARIUS ARDET.

De costé et d'autre des colonnes, estoient deux grans tableaux, en celuy du costé droit se voyoit le Duc assis sur une chere curule et à l'entour de luy les Naiades et Napées (nymphes des eaux, fontaines et prairies), qui lui faisoient présent de lis et toutes sortes de fleurs, auec contenance de chanter mélodieusement ses louanges, proche d'elles estoit escrit :

TIBI LILIA PLENIS ECCE FERUNT
NYMPHÆ CALATHIS

et au dessoubs estoit ceste inscription en un tetrastiche :

SICUT AB EOO CONSURGENS DELUIS ORTU
ILLUSTRAT RADIIS LATÈ SOLA PICTA CORUSCIS
ADVENTU SIC NOSTRA TUO VIRIDARIA FRONDENT ;
ATQUE NOUIS HALANT VERNANTES FLORIBUS HORTI.

Desoubs ce grand tableau estoient plus bas des rameaux de lis peincts au naturel et repliez aux deux bouts en forme de chappeaux, au mylieu duquel estoit escrit :

LÆTITIÆ PUBLICÆ DATORI

TIBI LILIA PLE
NIS ECCEPERVNT
NYMPHAE
CALATHIS

SICVT AB EO CONSVRGENS DELVIS ORTV
ILLVSTRAT RADIIS LATE SOLA PIETA CORVSCIS:
ADVENTV SIS NOSTRA TVO VIRIDARIA FRONDENT
ATQVE NOVIS HALANT VERNANTES FLORIBVS HORTI

La table du coste droit du portail.

C.A.

SEMPER HONOS
NOMENQ TVVM LAV
DESQ. MANEBVNT

OB CIVES SERVATOS

MEMORIAE SACRAE

VICTRICES VT FRONTE GERIS, DIS PROXIME LAVROS
QVAS, TVA REGALI PASSEDIT MVNERE VIRTVS,
CINGIMVS ECCE TIBI CIVILI TEMPORA QVERCV
ESSE HOC SERVANDVM MEMOR VT SIS PIGNORE CIVEM

La table du costé gauche posée à costière du portail

C. A.

du costé gauche de l'arc vis-à-vis du tableau susdit estoit
dressé un autre de pareille grandeur où le Duc se voyoit
assis, coronné de laurier et tenant une palme en main ;
deüant luy estoit un autel eueloppé de festons auec cest
escrit : MEMORIÆ SACR.

Dessus l'autel estoit dressée une coronne de chesne au
mylieu de laquelle se lisoit : OB CIUEIS SERVATOS.

Près de luy estoient les Hamadryades auec contenance de
luy chanter ses louanges, avec les Faunes et Satyres (qui sont
tous dieux des montagnes et bois) desquels auscuns luy
présentoient houlettes et flageols, d'autres le coronoient
de chesnes, sus eux se lisoit :

SEMPER HONOS, NOMENQUE TUUM, LAUDOSQUE MANEBUNT.

Plus bas estoient ces quatre vers :

VICTRICES UT FRONTE GERIS, DIS PROXIME, LAUROS
QUAS TUA REGALI POSSEDIT MUNERE VIRTUS
CINGIMUS ECCE TIBI CIUILI TEMPORA QUERCU,
ESSE HOC SERVANDUM MEMOR UT SIS PIGNORE CIUEM.

De mesme costé estoient deux rameaux, l'un de palme
l'autre de laurier repliez aux deux bouts en forme de chappeau, et estoit escrit au mylieu :

QUIETIS PROVINCIÆ FUNDATORI.

Au dedans de l'arc de costé et d'autre estoient peincts
grans rameaux de lis au naturel, auec des billets s'envelop-
pants à l'entour, portants ce mot : FELICITAS.

Le Duc estant entré par ce portail et ayant receu les acclamations du peuple, se deuoit auec toute sa suite et ceux du
magistrat venir rendre en la grande église, deuant laquelle
on auoit dressé force festons continués jusques à la porte
du Temple, ce soutenus par grandes perches en thyrses
revestus de lierre et herbes de maresquages, repliez en haut
en rond en forme de portiques avec force festons, garnis

de clinquans et roulets de couleurs, entre lesquels par bon ordre estoient attachées les armoiries de France, du Duc et sa deuise.

A l'entrée dudit portique, des deux costés estoient esle-uez deux grans tableaux: en celuy qui estoit à main droite estoit peinct le Duc en forme de Neptune tenant en main son trident ou salin, et à ses pieds un grand poisson marin, près de lui estoit assis un Glaucus chenus (Dieu des palus et maresquages du lieu), appuyé sur sa cruche et présentant au Duc le timon du gouvernail de ses eaux auec cest escrit :

EN TIBI NOSTRARUM, IUVENIS, MODERAMEN AQUARUM : UT
TE DUCE EANT PLACIDIS NOSTRA FLUENTA VADIS

En haut estoit Juppiter assis entre ses nuées auec son aigle, et luy foudroyoit le pais d'embas par orages, éclairs et tempestes, qui signifiaient les émotions et guerres civi-les de France. Sur quoy (en présence du mesme Dieu Glau-cus) se lisoit :

DUM MALA TEMPESTAS GALLOS DIUEXERAT ET ANGIT ;
PRO MIHI NEPTUNI NUMINE TUTOR ERIS

De l'autre costé de ce portique de festons estoit un autre tableau enueloppé d'une niche de lierre et festons à l'entour où on voyoit le Duc assis sous un dez ou pauillon magnifi-quement paré, et luy habillé à l'antique ([1]), tenant en main

---

([1]) Ce que Boissard appelle un habillement à l'antique est le cos-tume des généraux romains comme l'avaient imaginé les grands maîtres italiens, notamment Michel-Ange, avec des cuirasses da-masquinées et des brodequins étincelants de pierres fines. Ce dessin, un des mieux réussis de la collection, donne le portrait du duc d'Epernon, ce qui est d'autant plus précieux que jusqu'à ce jour on n'en connaissait point. De plus, les personnages qui s'a-vancent au nom de la ville de Marsal semblent être l'un le général Foulque de la Route, et l'autre le président Vyart. Au second plan se voient des seigneurs et des dames en costume de l'époque, et

DVM MALA TEMPESTAS GALLOS
DIVEXAT ET ANCIVS PROMIT
NEPTVNI NOMEN TVTOR ERIS

EN TIBI NOSTRARVM, IVVENIS MODERAMEN AQVARVM TV
TE DVCERANT PLACIDIS NOSTRA PETENTA VADIS

Tableau posé en la première niche des festons.

A.

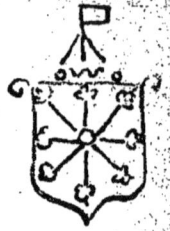

Festons dressez denant la grande Eglise auec ses armonies
et tableaux

C. A.

VT PATRIS PATRIAE CAPIAE MITISSIME, NOMEN
DEVOTVM EFFVSA SPECTAS CVM PLEBE SENATVM
QVI TIBI TE DVLCESQ LARES, AGROSQ. FERACES
ET QVICQVID SERVANT CHARI PATRIMONIA. SACRANT

Posé en la seconde niche

C. A.

un sceptre : et proche de luy ceux de la justice et magistrats
auec contenance d'humilité, luy faisant la réuérance et faisant signes de joye et congratulation de sa uenue heureuse
et prospère à tout le païs, et luy offrant leurs vies, biens
et personnes auec tout le peuple à l'environ, ardent de
mesme déuotion.

L'inscription du tableau estoit telle :

UT PATRIS PATRIÆ CAPIAS, MITISSIME NOMEN,
DEUOTUM EFFUSA SPECTAS CUM PLEBE SENATUM,
QUI TIBI SE, DULCESQUE LARES AGROSQUE FERACES,
ET QUICQUID SERUANT CHARI PATRIMONIA, SACRANT.

A la fin de ce portique, vis-à-vis de la porte de l'église
estoit un arc de festons : sus lequel estoit une grande fleur
de lis coronée : et de costé et d'autre, dressez rameaux de
laurier et palme auec cest escrit :

NUNC PLENO LILIA FLORE NITENT.

Au devant de ceste porte sur une base estoit dressée la
statue de Religion, tenant en l'une des mains les volumes
du vieil et nouveau testament, et de l'autre l'image du cru-
cifix, en la base estoit escrit :

Boissard pourrait bien ici avoir continué à prendre des modèles
dans la haute classe de la population. Dans le fond nous remarquons le clocher pointu d'une des églises de Marsal, en avant le
pignon à escalier d'un grand bâtiment comme était l'Évêché de
Metz à la même époque, à côté un arc de triomphe rappelant ceux
de Constantin et de Trajan à Rome, et au-dessus un édifice singulier à trois nefs éclairées par de longues fenestrelles. C'était peut-être
bien l'ancienne église romane de Marsal, la principale de l'endroit,
à moins que Boissard n'ait voulu esquisser un amphithéâtre romain
dont les débris se voyaient peut-être encore à cette époque dans
Marsal qui fut lors de l'occupation romaine, une localité importante,
grâce à ses salines, et jouissant des franchises municipales. Le portique serait peut-être aussi une restitution d'un monument de ce genre
dont Boissard aurait retrouvé quelques restes.

5

SE TIBI COMMITTUNT DIVORUM CULTUS ET ARÆ
SACRAQUE QUÆ PATRIUS MYSTICA RITUS HABET
GRATA ERIT HÆC PIETAS SUPERIS : HORUMQUE FAUORE
ADICIES REBUS ROBORA FIRMA TUIS.

Deuant la maison de Monsieur de la Routte, où deuoit loger le Duc, on auoit tout couuert le fronton de deuant de festons enueloppant les armoiries de France, du Duc et de sa deuise : et d'un costé et d'autre de la porte du loggis estoient dressez deux tableaux.

A dextre estoit le Duc peinct en forme d'Hercule appuyé sur sa massue et despouillé du lion Néméen, de l'autre main tenant une palme, derrière luy sus un autel estoit l'image de Victoire luy présentant la corone de laurier : au fronton de l'autel se lisoit :

ASTRA REPURGATO MERUIT TYRINTHIUS ORBE,
ILLUM FECERUNT UT BENEFACTA DEUM.
TU QUOQUE, QUI MERITIS ALCIDEM VINCIS, HABEBIS
PERPETUA INTER NOS LAUDE PERENNE DECUS.

Devant luy estoit un petit autel rond auec son fouier d'encensement, et à l'entour revestu de festons et d'un chappeau de laurier où estoit escrit :

ΗΡΑΚΛΕΙ ΓΑΛΛΩ ΕΥΕΡΓΕΤΗ.

Un peu plus haut estoit peinct une espée et caducée liez ensemble d'un chappeau triomphal auec un rollet où estoit escrit :

ET PACE ILLUSTRIS ET ARMIS.

Au costé gauche estoit posé un autre tableau de pareille grandeur où estoit le Duc assis, richement paré et habillé à l'antique : et à costière de luy à dextre estoit l'image de la uille de Marsal qui gayement et de uisage ioyeux luy présentoit les clefs de ses portes auec ces paroles écrites en bas :

SUSCIPE SERUANDAM CHARIS CUM CIUIBUS URBEM
ATQUE HÆC ÆTERNA MŒNIA PACE BEA.

Posé entre les festons vis avis de la porte de l eglise.

SE TIBI COMMITTVNT DIVORVM CVL
TVS ET ARAE SACRAE QVAE PATRI
VS MVSTICA RITVS HAB ET GRATA
ERIT HAEC PIETAS SVPERIS : HORS
QVE FAVORE ADICTES REBVS RO
BORA FIRMA TVIS

C. A.

Within the engraving:

BELLO ET PACE BONVS

HPAK
ΛΕΙ ΓΑΛ
ΛΩ ΕΝΕΡ
ΓΘΗ

ASTRA REPVRGATO
MERVIT TVRINTHI
VS ORBE: ILLVM RE
CERVNT VT BENE
FACTA DEVM.
TV QVOQVE QVI ME
RITIS ALCIDEM
VINCIS, HABEBIS
MAGNIFICA INTER
NOS LAVDE PEREN
NE DECVS.

Posé sur le portail du logys du duc, a dextre

C. A.

SVSCIPE SERVANDAM CHARIS CV
CIVIBVS VRBEM: ATQ HAEC AE
TERNA MOENIA PACE DEA

NOSTRA SVAS LEGES RESPVBLI
CA POSSIDET: ILLA HIS POSSIT TV
MOR IVSTVS VT ESSE VELIS

Posé jus la porle du loggia du Duc a Senestre.

C. A.

IVSTITIÆ RIGIDVM CLEMENTIA TEMPERAT ENSEM
NEC SINIT EXACTA CVNCTA BILANCE REGI
INSTITVE HIS DVCIBVS, PRINCEPS MITISSIME, VITAM
DIVORVM. SIC TV RITE IMITATOR ERIS.

Les deux figures furent posées d'un costé et d'autre de la
chambre du Duc: Et les vers escrits en la frise de l'huys

C. A.

A gauche estoit la Police tenant le caducée, qui luy auroit présenté le liure des loix, status et constitutions de la uille auec ces mots escrits en bas :

NOSTRA SUAS LEGES RESPUBLICA POSSIDET : ILLA
HIS POSCIT TUTOR JUSTUS UT ESSE VELIS,

Au dedans du loggis, aux deux costez de la chambre où deuoit loger le Duc, on auoit de costé et d'autre mis et dressé les statues de Justice et de Clémence (¹), comme les deux gardes et compagnes de sa grandeur : en la frize de la porte estoit escrit ce tetrastiche :

IUSTICIÆ RIGIDUM CLEMENTIA TEMPERAT ENSEM ;
NEC SINIT EXACTA CUNCTA BILANCE REGI.
INSTITUE HIS DUCIBUS, PRINCEPS MITISSIME, VITAM :
DIUORUM SIC TU RITÈ IMITATOR ERIS.

Tout cet apprest auoit esté acheué auec extrême diligence et grans coustanges par Monsieur de la Routte, mais Monsieur le duc d'Espernon ayant receu lettres du Roy, laissa à son grand regret et de Monsieur de la Routte, le voyage de Marsal, s'acheminant par Nancy et Toul, pour retourner à la Cour.

Au dedans de la chambre où il devoit coucher, on auoit mis un grand tableau d'une deuise à laquelle il se délecte, qui est :

PLUS LICEAT QUAM LIBEAT

(¹) Nous ne savons si nous ne nous trompons, mais il nous semble que Boissard a pris à dessein pour type de la Clémence, la reine mère Catherine de Médicis; et pour figurer la justice, il s'est donné pour modèle la reine, Louise de Lorraine, fille d'Antoine comte de Vaudemont.

Nous retrouverons dans d'autres tableaux une réminiscence de Catherine de Médicis aux fortes épaules, à la poitrine opulente, au nez arqué, au double menton, notamment la personnification de la ville de Marsal.

Dans le tableau estoit peinct le Duc en une cherre assis et tenant une espée enueloppée de rameaux d'olivier et à l'entour de luy ses conseillers et à ses pieds un suppliant à qui il faisait grâce. Au desoubs du tableau estoit escrit :

UIUA DEI PRINCEPS PRUDENS UIUENTIS IMAGO EST;
INGENITA TIBI QUOD SAT BONITATE PROBAS,
NON SEMPER, QUOTIES PECCAMUS, IUPPITER IRA
ARDET : ET INSONTES FULMINA TORTA LIBRAT,
SIC QUOQUE, NE SCEPTRI IMPERIO VIDEARIS ABUTI,
TU MAUIS LICEAT PLUS TIBI, QUAM LIBEAT.

Outre ce qu'en diuers endroits de la uille on auoit attaché sa deuise, qui est une montagne ardente et les orages et tempestes à l'entour, Monsieur de la Routte en auoit fait peindre une magnifiquement et en fort grande forme qu'on auoit attachée sur le portail de la maison deuers le dedans, et auoit on mis ces vers au-dessoubs du tableau :

INSANO RABIDI SPIRENT LICET AGMINE VENTI ;
OMNIAQUE HORRENDO QUASSA FRAGORE CREPENT.
INCONCUSSA MANENS ADVERSIS CLARIUS ARDET
ET DUPLICAT VIRES IGNIBUS AETNA NOUIS.
SIC QUISQUIS MERITIS AD SUMMUM VECTUS HONOREM EST
SÆP MALOS SOLA PROSPERITATE MOUET
INFRACTO TAMEN ILLE ANIMO PERDURAT: ET ILLAM
TEMNIT, QUAM VIRTUS CONCITAT, INUIDIAM.

Sus une gallerie en pourmenoir non loin de la chambre du Duc, de costé et d'autre, on auoit posé deux autres tableaux.

Au premier estoit le roy Henry III dedans un temple, lequel pour actions de grâces à Dieu [1] (qui selon la licence

---

[1] Il fallait être Boissard pour imaginer qu'il était permis de représenter le Dieu des chrétiens sous les traits du chef de l'Olympe.

PLVS
LICEAT
QVAM
LIBEAT

VIVA DEI PRINCEPS, PRVDENS VIVENTIS IMAGO EST
INGENITA TIBI QVOD&AT BONITATE PROBAS
NON SEMPER QVOTIES PECCAMVS IVPPIITER IRA
ARDET: ET IN SONTES FVLMINATORTA LIBRAT
SIC QVOQ, NE SCEPTRI IMPERIO VIDEARIS ABVTI
TV MAVIS LICEAT PLVS TIBI, QVAM LIBEAT.

Tableau posé sus la porte de la Chambre du Duc
au dedans

C. A.

ADVERSIS CLARIUS ARDET

INSANO RABIDI SPIRENT LICET AGMINE VENTI,
OMNIAQUE HORRENDO QUASSA FRAGORE CREPENT,
INCONCUSSA MANENS ADVERSIS CLARIUS ARDET
ET DUPLICAT VIRES IGNIBUS AETNA NOVIS

SICQ VISQVIS MERITIS ADSVMMVM VECTVS HONOREM EST
SAEPE MALOS SOLA PROSPERITATE MOVET,
INFRACTO TAMEN ILLE ANIMO PERDVRAT, ET ILLAM
TEMNIT, QVAM VIRTVS CONCITAT INVIDIAM.

Devise du Duc mis a la teste du portail de son Loggis

C. A.

CHRO
PLACATO
GALLIAE
PROTECTORI
HENRICVS III
REX D

PACATA EST DOMITO QVOD PER TE GALLIA MARTE
ATQ TVIS QVOD REX FLOREAT AVSPICIIS
ILLE TVAS DONIS ONERAT SOLENNIBVS ARAS
TVQVE IDCIRCO IVVANS DICERIS ESSE PATER.
ET SACRAT NITIDO TIBI CANDIDA LILIA FLORE
QVAE TVA SEMOTO FVLMINE DEXTRA GERAT.
DONA PLACENT; GALLI POSTHAC SPERATE QVIETEM
PLACATO ARRIDENT FLOREA SCEPTRA IOVI.

C. A.

poëtique et des peintres estoit peinct en forme de Iuppiter),
luy faisoit présent de ses trésors, coronne et sceptre, et des
fleurs de lis, enseignes de son royaume, en l'autel sur lequel estoit assis Christ se lisoit cecy :

CHRISTO PLACATO GALLIÆ PROTECTORI
HENRICUS III REX D.

Et au dessous du tableau estoient escrits ces vers :

PACATA EST DOMITO QUOD PER TE GALLIA MARTE,
ATQUE TUIS QUOD REX FLOREAT AUSPICIIS ;
ILLE TUAS DONIS ONERAT SOLENNIBUS ARAS:
TUQUE IDCIRCO IUVANS DICERIS ESSE PATER.
ET SACRAT NITIDO TIBI CANDIDA LILIA FLORE
QUÆ TUA, SEMOTO FULMINE, DEXTRA GERAT.
DONA PLACENT: GALLI, POSTHAC SPERATE QUIETEM.
PLACATO ARRIDENT FLOREA SCEPTRA IOUI.

En l'autre tableau estoit le Roy assis en son siège royal,
receuant son sceptre de la main de Dieu, et distribuant les
gouvernemens de ses provinces aux plus dignes princes de
son royaume et à ses plus fidelles amis: leur commettant
les places d'importance dans l'administration de Metz (¹) et

Ce dessin est intéressant parce qu'il donne un portrait d'Henri III
et qu'il nous montre le roi de France en grand costume tout
ruisselant de perles et de pierreries et faisant montre de ses belles
mains dont il était si fier. C'est sous son règne que se développa
la passion des étoffes à ramages connues du temps des empereurs
byzantins, étoffes que Charlemagne et les premiers empereurs
allemands envoyèrent chercher en Orient. Henri III favorisa tellement ce goût de tissus précieux, que les matières d'or et d'argent
manquèrent aux hôtels des monnaies, tant on en employa dans la
composition des étoffes à la mode vénitienne.

(¹) Boissard nous représente ici deux fois Henri III en costume
d'empereur romain par la grâce de Dieu (toujours sous le masque
de Jupiter), remettant ses pouvoirs au duc d'Epernon, costumé

de tout le païs d'alentour à Monsieur le duc d'Espernon.
Au desoubs du tableau estoit escrit :

ARBITRIO É CŒLIS TOTUM DUM TEMPERAT ORBEM
IUPPITER, HENRICO GALLICA SCEPTRA DEDIT.
DUMQUE AMPLAS REGNI HENRICUS PARTITUR HABENAS,
CULTAM EPERNONIO TRADIDIT AUSTRASIAM :
QUAM BENE, SUMME DEUM, PROUISUM EST OMNIBUS : ILLE
TE PROPRIA, HIC REGEM NAM BONITATE REFERT.
SECURIS GAUDERE LICEBIT POSTEA GALLIS ;
ÆTERNUM QUIBUS EST HIS TRIBUS ORTA QUIES,
HIS QUIBUS EST PAX DATA PRINCIPIBUS.

---

de son côté en général romain et portant une cuirasse que les
anciens n'ont jamais connue.

L'inscription qui accompagne le tableau nous informe que
l'artiste a voulu peindre le roi de France au moment où il confia
au duc d'Epernon le gouvernement des Trois-Evêchés que le
poëte transforme en royaume d'Austrasie. Dans le fond du tableau
se voit la colonnade d'un temple grec flanqué d'une série d'arcades
à plein cintre. C'est sans doute la ville de Metz et l'aqueduc romain
de Jouy.

ARBITRIO E COELIS TOTVM DVM TEMPERAT ORBEM
IVPPITER HENRICO GALLICA SCEPTRA DEDIT.
DVMQ AMPLAS REGNI HENRICVS PARTITVR HABENAS.
CVLTAM EPERNONIO TRADIDIT AVSTRASIAM
QVAM BENE, SVMME DEVM, PROVISVM EST OMNIBVS: ILLE
TE PROPRIA, HIC REGEM NAM BONITATE REFERT
SECVRIS GAVDERE LICEBIT POSTEA GALLIS.
    AETERNVM QVIBVS EST HIS TRIBVS ORTA QVIES.
HIS QVIBVS EST PAX DATA PRINCIPIBVS

C. A.

BOISSARD ET LES FABERT

Ce que Boissard ne dit pas, mais ce que Le Goulon, le receveur de la cité a eu soin de noter, ce sont les dépenses occasionnées par cette solennité; nous savons même les bottes de ficelles et les pains à cacheter qui ont été payés à Maître Lorme, peintre, le 2, le 15, le 19 mai, pour les décorations de Metz, et les 12, 28 juillet pour celles de Marsal, le tout aux frais des Messins qui eurent quelque temps après le 15 novembre encore à dépenser pour refaire leur moulin à poudre qui venait de sauter.

On paya vingt écus à chacun des jeunes gens qui s'étaient habillés de soie, et la ville eut à payer, en octobre, la somme de 1388 livres pour les 18 manteaux en drap des sergents et messagers, les costumes en velours des jurés, les uniformes en taffetas des trompettes, l'habillement de satin de M. d'Abocourt, les écharpes des charretiers d'artillerie, la casaque du concierge de la prison, les cordes pour tendre les guirlandes de lierre. Nous avons aussi la note du serrurier Dolly, qui compte 15 hottes de charbon pour chauffer les colles et couleurs des peintres « qui pain-

» daient les portes en la *Neuve-salle* » ('). Le menui-
sier Burthemin nous apprend qu'il a « besoigné 14
» sepmaines au portail de St-Thiébault, au fort du
» Champ-à-Seille, aux pyramides de la petite plasse
» et devant l'Eglise. »

Les Messins eurent à payer à l'hôtesse du Grand-Cerf
160 livres pour fournitures à l'hôtel de la Haute-Pierre
de nappes, draps de lits y compris les serviettes perdues,
une table brûlée et les plats brisés. La cité paya
encore un cent de fagots et un millier de rondins pour
le feu de joie qui eut lieu devant la demeure du
Gouverneur.

A son entrée en ville il avait été donné au duc
d'Espernon 78 bouteilles comme vin d'honneur et on
lui avait présenté une coupe d'argent ciselée qui
avait été achetée à Strasbourg, au prix de 625 écus
au soleil.

Les deux peintres Lorme et Gabriel ne purent
suffire à la besogne et une quittance du 21 août 1583
nous apprend qu'ils durent se faire suppléer par
Maître Symon, le peintre, et ses compagnons, pour le
fort du Champ-à-Seille.

Enfin ce que ne dit pas surtout Boissard et ce qui
est plus intéressant, c'est que le roi de France assis-
tait incognito à la réception princière de son mignon.
Ce fait expliquerait à la fois le refus du duc d'Espernon
de se placer sous le dais et son départ précipité qui

(') Vaste salle de danse à la municipalité, créée en 1556 près de
la *place du Quarleau* qui est le point de départ de notre salle de
spectacle.

l'empêcha d'aller à Marsal. Il y avait sous jeu une jalousie de son souverain et maître.

Foulque de la Routte, le maréchal de camp, est mort vers l'an 1589, laissant deux enfants mineurs, Jacques et Magdeleine, de sa veuve qui était une demoiselle Varin de Clemery, petite-fille d'un ancien gouverneur des salines de Moyenvic et Marsal. F. de la Routte se trouva ainsi co-seigneur de Clemery. Il avait sans doute pour armoiries l'écu qui est esquissé à l'angle de la planche représentant l'avenue de l'Eglise de Marsal : d'azur aux 8 rais d'escarboucles pommetés d'or, faisant la roue. Foulque de la Routte avait construit dans Marsal à ses frais et agrandi la *Maison du Roi ;* son frère, Saint-André de la Routte capitaine des Gardes du Marquis de Pont-à-Mousson, renonça au nom de ses neveux le 10 avril 1593, à toute réclamation, moyennant une indemnité.

Il est temps de revenir à Boissard notre auteur. Le baron de Clervant, lui assurant le logement à Metz et une pension viagère de 300 francs, Boissard sentit qu'il lui fallait mettre un terme à ses voyages. Il resta à Metz, où il se lia d'amitié avec un imprimeur du nom d'Abraham Faber et un orfèvre appelé Jean Aubry.

Un Jehan Fauber était orfèvre dans la vieille cité de Metz, en 1460 ; mais aucun acte n'établit de liens entre lui et Abraham Faber. Il est plus vraisemblable que l'aïeul de celui-ci était le J. Faber qui en 1530 *imprimebat apud Friburgum Brisgaudiæ*, l'ouvrage d'U. Zazius contre le P. de l'Etoile, régent en l'université d'Orléans. Il semble que ce fut le fils de cet imprimeur, Dominique Faber, qui vint de Strasbourg en Lorraine fonctionner en qualité de maître de l'imprimerie du duc Charles III, à Nancy. Il envoya à son tour son fils Abraham Faber s'établir à Metz. Ce nouveau venu aida Boissard à donner en 1581 une seconde édition de ses poésies latines, augmentée d'inscriptions recueillies sur des monuments funéraires romains. Boissard compléta ses travaux archéologiques en 1595, en publiant : *de antiquæ urbis romanæ situ præcipuisque ejus ruinis excussis typis Abraham Fabri civis mediomatricorum typographi.* Ce travail, enrichi de 108 planches de gravures, devait former la 3e partie d'un grand ouvrage que Boissard fit imprimer ensuite à Francfort-sur-le-Mein, *impensis Theodori de Bry* graveur, de l'an 1597 à 1602, sous le titre général de : *Romanæ urbis topographiæ et antiquitates.*

Dans la *Bibliothèque de l'Ecole des Chartes,* M. L. Delisle nous apprend que le manuscrit original des *Antiquités* de Boissard se trouve à la bibliothèque nationale de Paris, ainsi que celui des *Antiquités qui ont été envoyées au prince palatin du Rhin.* Nous savons en outre, grâce à la *mission littéraire* de M. Geoffroy en Suède, en 1855, que la bibliothèque de Stockolm renferme un autre manuscrit original de Boissard avec une dédicace poétique à Charles, duc de Lorraine et de Bar, portant pour titre : *Inscriptionum antiquarum quæ tam Romæ quàm in aliis quibusdam Italiæ urbibus videantur cum suis signis propriis ac veris lineamentis exacta descriptio per. Io. Iac. Boissartum (sic) Burgund. Romæ* Anno. M.D.LIX. Ce manuscrit de 200 pages, composé en 1559, est donc le petit traité que Boissard signale dans son

Epistola dedicatoria ad Joannem comitem palatinum Rheni, après, dit-il, avoir dépensé beaucoup de travail et de temps à cette récolte de sculptures et d'inscriptions lapidaires léguées par l'antiquité à la métropole du christianisme.

C'est à l'aide de ces notes manuscrites que Boissard composa dans Metz le grand ouvrage qui en fait le digne ancêtre de Montfaucon, mais ce ne fut pas le seul. En janvier 1584 il publiait ses *Icones variæ* avec 50 médaillons « taillez par Alexandre Vallée de Bar-le-» Duc, *J. Aubry formis.* » A la fin du volume se lit à la date du 8 janvier 1584, donné pour dix ans à Jean Aubry, marchand orfèvre demeurant à Metz, le permis d'imprimer « les médaillons des divers hommes illus-» tres de Jean-Jacques Boissard besançonnoit. » Il paraît que cette impression donna lieu à des difficultés, car on connait des exemplaires avec un permis du Grand Conseil du 20 février 1584.

Le 8 janvier 1584, Jean Aubry obtenait le privilége d'imprimer le *Liber Emblematum Jani Iacobi Boissardi* avec l'interprétation française de J. Pierre Joly, messin, *Iani Aubrii typis Metis excudebat Abrahamus Faber cum privilegio Regis.* Cet ouvrage eut un tel succès que Boissard en donna deux autres éditions à Metz, en 1588 et en 1593, toujours chez Abraham Faber ([1]). Dans l'intervalle Boissard avait lancé dans

----

([1]) Le 6e Emblème de l'édition de 1593 est dédié par Boissard à son bienfaiteur, *Claudio Antonio à Vienna Baroni Clervantis Copetii* etc. C'est : la Vertu l'emporte sur tout, *domat omnia Virtus.* Cette divinité allégorique est représentée par notre auteur en Minerve foulant à ses pieds des couronnes impériales, royales, des

Metz en 1591 une seconde édition de ses portraits sous le titre d'*Icones diversorum, Metis Mediomatric, excudebat Abrahamus Faber M.D.XCI.*

En 1596 Boissard publiait son *Theatrum vitœ humanœ excussum typis Abraham Fabri Mediomatricorum typographi impensis Theodori Bryi leodiensis sculptoris francfordiensis.*

Jean Aubry était un calviniste originaire de Troyes en Champagne, que Boissard nous indique comme étant le premier des orfèvres de France qui était venu

---

épées, des flèches. Dans le fond par réminiscence d'un des croquis de Marsal, Boissard représente un arc de triomphe romain accolé à des portiques à arcades que surplombe un donjon carré qui rappelle la tour austrasienne de l'hôtel Saint-Livier de la rue des Trinitaires. Cet Emblème et le dystique latin qui l'accompagne, dénotent de la part de leur auteur l'intention d'exalter le beau caractère de Claude de Vienne et de rabaisser d'autant les grands personnages de l'époque.

A propos de son 44e Emblème de la même édition:

VITA AULICA SPLENDIDA MISERIA

Boissard nous représente deux seigneurs de la Cour de France en costume du temps trinquant debout, autour d'une table bien servie. Nous croyons reconnaître dans ces deux personnages à fraise, à petit manteau et à toques, le roi Henri III et son archimignon d'Espernon, à leurs pieds sont étendus les instruments de gêne et de tristesse. Voilà la vie des courtisans. L'emblème suivant:

METVS EST PLENA TYRANNIS

doit se traduire par la crainte engendre les tyrans. L'image nous semble nous autoriser à voir dans cette inscription un calembour décoché à l'adresse des magistrats qui étaient à la tête de la ville de *Metz pleine de tyrans.* Cela n'empêchait pas de terminer cet ouvrage plus ou moins pamphlet déguisé, en ces termes: *par Abraham Faber imprimeur des honorez seigneurs de la ville Metz.*

se réfugier à Metz, où il s'était établi *rue Fournirue*
contre l'église Saint-Gorgon.

Une singulière coïncidence de noms et de faits doit
être relevée ici. En 1525, le curé de Saint-Gorgon
était un homme très-savant en matières théolo-
giques. Il s'appelait Didier Aubry. En 1536 devenu cha-
noine il se livra à des prédications qui lui valurent
des poursuites de la part de l'official. Il fut emprisonné
sur la plainte de celui-ci comme suspect d'hérésie mais
relâché sur l'ordre de l'évêque. En 1538 il quittait
Metz pour y revenir en 1546 marié avec une française,
Mlle Dorin. Il me semble qu'il était l'oncle ou peut-être
le frère de Jean Aubry qu'il appela dans Metz. Celui-ci
eut de sa femme Odette, trois enfants, un fils Samuel
qui décéda à la fleur de l'âge, deux filles Marie et Julie.
Marie épousa Boissard vers l'an 1585. Le mariage dut
avoir lieu dans la chapelle du château de Montoy, qui
depuis 1578 avait été converti en Temple pour les
protestans messins, celui de la *rue de la Chèvre* créé
en 1576 ayant été fermé. Marie Aubry accoucha à
huit mois d'un garçon que l'on nomma Jules et qui
mourut quelque temps après comme nous l'apprend
Boissard dans une élégie éditée en 1589.

Mais il me semble que Jean Aubry n'a eu
qu'une fille qui s'appelait Marie Julie.

Des mémoires messins font mourir à 20 ans, de
suites de couches, une Julie, fille de Jean Aubry. Je
crois que c'était la femme même de Boissard qu'il appelle
Juliola dans un dystique latin adressé à son beau-
père. Boissard devenu veuf à peine marié se remit à
voyager, comme le prouve le grand nombre de ses

éditions faites à Francfort-sur-le-Mein, mais il travaillait
de temps en temps l'archéologie mosellanne. P. Ferry
raconte que c'est de Boissard qu'il tenait plusieurs
belles inscriptions de l'Abbaye St-Arnould. Il revint à
Metz pour y mourir à l'âge de 74 ans.

Le registre des morts des Réformés porte : « Me Jean-
» Jacques Boissard est mort de la religion et a esté
» enterré le 4 d'octobre 1602 en nre cimetière. » Celui-ci
était situé à l'embouchure de la Seille dans la Moselle à
l'endroit qu'on appelait le Retranchement de Guise,
et qui a été converti depuis en un vaste arsenal.

Sa femme en mourant lui avait laissé un fils du
nom de Nicolas, qui alla se fixer en Allemagne. En
1629, l'auteur d'une étude sur les Amphithéâtres
romains, Frédéric d'Helbach, ministre de l'église de
Windelsheim dans le Rheingau, envoyait le prospec-
tus de son ouvrage à Boissard fils, en le priant de lui
faire parvenir une notice biographique sur son père,
Jean-Jacques Boissard, qu'il voulait placer dans la
classe des historiens.

Si le nom de Boissard s'est éteint à Metz, il n'en a pas
été de même de celui d'Aubry, porté par sa femme. Je
trouve de 1613 à 1631, un Estienne Aubry, maître-orfèvre protestant, qui mourut et fut porté au Temple le
16 octobre 1670 ; sa veuve Aymée Herment le fut le
4 septembre 1676.

Ils demeuraient précisément paroisse Saint-Gorgon
en Fournirue, là où avait résidé le beau-père de Boissard, dans une charmante maison de style renaissance où l'on reconnaissait la main de notre antiquaire
voyageur. Cette demeure à l'italienne possédait une

galerie intérieure qu'ornaient des antiques trouvés
par Boissard dans le pays mosellan. On y admirait
une peinture sur pierre représentant Jupiter distribuant le bien et le mal aux hommes aveuglés. Cette
peinture, publiée par les Bénédictins dans leur *Histoire
de Metz* comme un morceau d'antiquité, figure, nous ne
ne savons pourquoi, à notre Musée archéologique. C'est
bien un tableau de Boissard ; pour s'en convaincre,
il suffit de le comparer avec le même sujet traité par
lui dans sa collection d'emblèmes éditée en 1588. C'est
le 24ᵉ, dédié *ad Prosperum Ventidium Nucerinum.*

En 1684, un David Aubry « maistre orlogeur, » épou-
sait au Temple de Metz, Suzanne Friand, fille de Charles
Friand, apothicaire, et de Suzanne Roupert. Je vois
dans ces deux Aubry, l'un maître-orfèvre, l'autre maître-
horloger, des descendants collatéraux du beau-père de
Boissard et le fils et le petit-fils de l'ancien curé de
Saint-Gorgon. Ce David Aubry, en s'alliant avec la fille
d'un apothicaire, ne dérogeait pas comme artiste ; sa
belle-mère appartenait à une famille de graveurs fameux, dont un membre, Louis Roupert, acquit une
grande notoriété à Paris, sans qu'on ait eu jusqu'à ce
jour la moindre donnée sur sa généalogie. Tout ce
qu'on sait, c'est qu'il était messin d'origine. J'ai dé-
couvert que son père, Joseph Roupert, en 1615, était
maître-orfèvre à Metz, et qu'en 1637 il mourait, laissant
sa veuve paroisse Saint-Simplice, avec quatre enfants,
dont l'un était ce Louis qui embrassa le calvinisme
avec toute sa famille, et s'en alla chercher fortune à
Paris. Le 29 août 1686, son filleul Louis Roupert ren-
trait dans le giron de l'église catholique, ce que durent

faire en 1688 Suzanne Roupert et son gendre David Aubry, devant le curé de Saint-Gorgon.

Abraham Faber, l'imprimeur qui avait mis ses presses si obligeamment au service de Boissard, devint le maître de l'artillerie de la cité de Metz. En cette qualité, il concourait à recevoir le roi de France Henri IV, qui vint mettre le holà entre la bourgeoisie et Roger de Comminges, sieur de Soboles, lieutenant du Roi, commandant de la Citadelle. Le duc d'Espernon avait été envoyé à Metz le 28 septembre 1602, pour refréner les allures despotiques de son suppléant, qui prétendait, avec le président de Batilly (¹), justifier des mesures inquisitoriales en accusant les principaux messins de comploter la reddition de leur ville au roi d'Espagne et d'être d'intelligence avec Mansfeld, le gouverneur de Luxembourg. Le duc d'Espernon destitua de Soboles de sa place de sous-gouverneur de Metz, mais celui-ci se retira dans la Citadelle, avertissant qu'il n'en sortirait que par la force. Le gouverneur fit alors prendre les armes à toute la bourgeoisie qui bloqua les avenues de la Citadelle. A cette nouvelle, Henri IV accourut le

---

(¹) Ce magistrat s'appelait Le Bey et avait acquis le château de Batilly dans la prévôté de Briey. A peine arrivé à Metz, comme lieutenant du président Viard, et protestant zélé, il persécuta à outrance le procureur général Jean-Pierre Joly, un messin lettré, et l'accusa de vouloir rendre Metz aux Espagnols. Il sacrifia entre tems aux beaux-arts et aux muses et composa un ouvrage que devait, en 1596, illustrer Boissard de 76 de ses dessins sous le titre : *Dionysii Lebei Batillii regii mediomatricorum præsidis Emblêmata*. Ce qu'il y a de piquant, c'est qu'en 1584 Boissard avait déjà dessiné d'autres emblèmes avec interprétation française de ce même Pierre Joly, l'ennemi de Batilly.

14 mars 1603, et Abraham Faber mettant à profit les dessins de Boissard, organisa dans les rues de Metz une réception vraiment royale, dont il a donné tous les détails dans un livre qu'il imprima sous le titre de *Voyage du Roi à Metz*, avec gravures. Celles-ci sont loin de valoir les dessins de Boissard. On y remarque la représentation du feu d'artifice que Faber, en qualité de chef de l'artillerie messine, fit tirer dans l'intérieur de la cour de l'évêché (*place de la Cathédrale* actuelle), sous les yeux du Roi qui était descendu au palais épiscopal (*Marché couvert*).

Le lendemain de la réception, le Roi de France en rendait compte en ces termes à son confident, le duc de Sully :

Mon cousin, ma présence était ici très nécessaire, vous ne scauriez croire comme le sieur de Sobole est généralement haï en cette ville, tant des habitants que des étrangers. Il a cru le conseil de ses amis et des sages qui lui ont parlé, de sorte qu'il est résolu de me remettre demain la Citadelle entre les mains sans capituler avec moi. J'estime que dans six jours j'aurai fait les affaires qui m'ont amené ici, pour m'en retourner incontinent. J'y ai été bien veu et bien reçu de ce peuple qui désirait fort de m'y voir. Cette ville est des plus belles et des mieux assises... Ma sœur (¹) arrive demain et irai au-devant d'elle. Je me suis trouvé fort mal aujourd'hui et ai pris médecine qui m'aura bien profité car elle m'a fort purgé et me trouve fort soulagé.
Adieu mon Cousin.

Ce 15 Mars à Metz,
HENRI.

Le Conseil de la cité avait offert au Roi une coupe en or ciselé avec de la monnaie d'or et d'argent frappée à Metz, et à la Reine un surtout de table en argent, re-

(¹) La duchesse de Lorraine.

7

présentant un amour traîné sur un char par deux rennes. Fabert nous en a conservé le dessin sans qu'on sache qui en fut le ciseleur et le graveur.

On peut voir dans les *Mémoires de Sully* les détails de ce singulier débat qui éclata entre le gouverneur de Metz et le commandant de la Citadelle.

La *Chronique rimée de Metz* nous apprend comment l'affaire se termina :

> Et craignait-on très-grandement
> Que de tous il (Soboles) ne fut plus méchant
> De rendre les clefs de la Cité au Roy
> Tant de la Citadelle que les celles de Metz.
> Mais Dieu qui pourvoit à tout
> Luy rabaissa un peu ses coups
> Duquelle les porta au Roy dedans Mollin
> Dont de toutes querelles en fut faite la fin.

Cet endroit appelé Moulins était un village avec un ancien château fort situé à la tête d'un pont jeté sur la Moselle, à deux heures en amont de Metz. Abraham Faber acheta ce castel, et ayant reçu de son hôte royal des titres de noblesse, il ne s'intitula plus désormais que Seigneur de Moulins.

Dans son Emblème 54, Boissard conseille à Abraham Faber, typographe, de saisir l'occasion par les cheveux, *a tergo calva est.*

Dans le dessin qui accompagne ses vers latins, Boissard représente notre commandant d'artillerie messiné en costume de général romain de la Renaissance : dans le fond se reconnaît très-bien le château de Moulins avec ses tours et son donjon, se mirant dans les eaux de la Moselle.

Abraham Faber a montré par sa conduite politique

et industrielle qu'il savait mettre à profit le conseil de Boissard. Il se fit nommer maître-échevin de Metz par le Roi en 1610, en 1618, en 1624, et décorer du cordon de Saint-Michel en 1630. Un détail piquant, c'est la façon dont Abraham Faber a su se faire payer les impressions par lui faites pour le compte de la Ville. Voici les actes découverts par nous dans les registres des *Trois-Ordres du pays messin* qui expliquent les faits avec assez de clarté.

Le 20 janvier 1595, *Faber* avait été nommé officier et imprimeur par ordonnance de la Cité de Metz, « pour le compenser aulcunement des frais et dépen- » ses qu'il a faites pour enrichir son imprimerie de » beaucoup de sortes de caractères, et lui donner » moyen de continuer son labeur. »

En 1603 les Trois-Ordres de la Cité ouvraient un crédit de trois mille écus pour imprimer la relation du Voyage d'Henry IV à Metz. Mais où trouver ces fonds? Le 21 octobre on imagina une transaction par laquelle la ville « céda à perpétuité et à toujours mais à Maître » Abraham Faber, imprimeur juré d'icelle, la place » ainsi qu'elle se contient avec les deux petites gran- » gettes gisant au *petit Saulcy*, où par ci-devant soul- » lait y avoir un moulin à vent... pour bâtir une » maison sienne, pour l'embellition et décoration de » la ville...... à condition qu'il sera tenu et est obligé » d'imprimer aussi à ses frais les représentations et » inscriptions faites aux tableaux avec les portraitures. » représentées, de l'ordre tenu et observé à la récep- » tion et entrée du Roi en cette cité, le 14e jour du » mois de mai dernier, et les solempnités y obser-

» vées, affin d'en perpétuer la mémoire à la postérité. »

Abraham Faber ([1]) venait d'être anobli par le Roi en 1603, pour avoir conduit les canons des messins à Mars-la-Tour et à Conflans, que les Français assiégeaient contre les ligueurs lorrains, avec lesquels s'était rangé le lieutenant-général La Routte, le frère du protecteur de Boissard.

Le 26 juin 1610, le Conseil de la Cité reconnaissait par écrit que « le sieur Abraham Fabert, conseiller » imprimeur de la Cité, avait satisfait à la direction et » impression du livre de l'entrée du Roi avec les car- » tes topographiques de la ville et du pays messin qu'il » y a exactement représenté et dont il a fait distribu- » tion au Conseil... en considération il a la survivance » de son office d'imprimeur juré de cette ville, accor- » dée à Abraham Fabert, son fils, pour succéder audit » estat et en jouir après sa mort, aux gages, honneurs » qui en despendent. »

Et quoiqu'en ait dit-le contraire Tessier dans son *Essai sur la Typographie à Metz*, Fabert, le futur maréchal, fut tellement bien imprimeur dans sa jeunesse, que le 20 août 1613, l'Assemblée des Trois-Ordres de Metz, recevant du père 50 exemplaires du projet des Coutumes de Metz « il a été arresté d'assigner » à son fils Abraham Fabert le jeune, qui les a impri-

---

([1]) On peut voir son blason au bas de son portrait, gravé par Ladame, dans le recueil des *Coutumes générales de Lorraine* par Thiriat, avocat lorrain.

Cet ouvrage a été par erreur imprimé sous le nom de Fabert après sa mort par ses héritiers, qui trouvèrent le manuscrit dans ses papiers.

» mées et mises en lumière et fait reslier la somme de
» 300 livres messines pour ses peines et vacations. »

Cette même année, Fabert, le maître-échevin, le 12
mars 1613, avait dû avancer mille écus à la ville pour
les frais d'une nouvelle réception du duc d'Epernon.

Le 1 décembre 1625, furent encore abandonnés
« 29 pieds de longueur de terrain, au devant de la
« maison du petit Saulcy, à Abraham Fabert, le maître-
» échevin en considération des soins et de la peine
» extraordinaires qu'il a prises pour la santé publique
» pendant la contagion. »

Sa nouvelle demeure étant ornée à profusion de bus-
tes d'Henri IV, lui est venu du populaire le nom d'*Hôtel
du Palais Royal*. Il fut démoli en 1809 pour créer un
port de commerce, qui resta à l'état de projet. C'est
aujourd'hui le *Jardin Fabert*.

Les dessins composés par Boissard pour la réception
du duc d'Epernon devaient encore servir de guide
pour l'entrée dans Metz de sa belle-fille, la duchesse de
Lavalette, entrée qui eut lieu le 23 juin 1623.

Voici en quels termes la *Chronique rimée de Metz*
en rend compte :

> Vint une dame sortie du sang royal (¹)
> Avec grand nombre de cheval
> Femme estoit au fils le duc d'Epernon
> Qui Bernard de la Valette en son nom privément
> De marquis le fit duc dans son espousement
> Au chasteaulx de *Mollin* s'en vint gisté
> Avec gand noblesse et maintes mousquettiez
> Monsieur de *Mollin* du *Saulcy* il partit
> Avec dames et seigneurs et belle suite

(¹) Elle était la fille naturelle d'Henri IV.

Au chasteaulx de Mollin la fut recepvoir...
Le jour au lendemain de *Mollin* elle partit
La veille de Saint Jean passa devant *Bradin* (1).
Elle et tous les seigneurs de la ville et les dames
Luy vindrent faire honneur dedans le Champapanc (2).
Par la porte *Saint-Thiébault* son entrée elle fit
D'une jeune pucelle elle eut un beau cantique
Et les clefs de la ville luy furent présentées
Une compagnie d'enfans armés d'épées et piques
Mousquets et tambourins aussi haubois et flutte
Enseignes aüsy drapeaux armés de toutes pièces
Six cents en somme estoient de blanc aüsy de pêche.

Ce que le chroniqueur ne dit pas, c'est que ce petit
corps d'armée enfantine était commandé par un jeune
homme de 14 ans, d'une belle prestance, que l'on appelait le Cadet Faber. C'était le fils d'Abraham Faber,
l'imprimeur, celui qui devait plus tard occuper sa place
dans les fastes militaires de la France, sous le titre du
maréchal Fabert.

On trouve la suite de cette réception qui fut très-
théâtrale dans la *Chronique rimée*, et surtout dans un
volume orné de gravures qui est intitulé le *Combat
d'honneur par les* iiij *élémens*.

Ce petit in-folio est très-recherché des collection-
neurs messins, parce que quoique ne portant indica-
tion ni de lieu d'impression, ni de date, ni de nom
d'auteur, il est facile de découvrir qu'il est sorti des
presses d'Abraham Fabert. Malheureusement il est à

---

(1) Ferme au sud de Montigny, dont les murs furent crénelés
pendant le siége de Metz en 1870, pour répondre aux tirailleurs
cachés dans le parc de *Frescati*.

(2) Espace consacré à sécher les *pannes*, les étoffes des drapiers
messins, où a été élevée la première gare de chemin de fer en 1848,
à l'est de la lunette d'Arçon.

regretter que Boissard, ou un de ses élèves, n'en ait pas dessiné les planches qui tournent au burlesque dans la représentation des divinités païennes.

Pourquoi ne s'est-on pas inspiré de nos croquis de Boissard, d'un archaïsme si pur? Même réflexion est à faire pour le volume qui fut composé avec gravures, pour perpétuer le souvenir du *Voyage et de la maladie du Roi Louis XV à Metz*, en 1744.

Il est à noter qu'à partir de 1583, le goût des allégories et des inscriptions en vers latins ou grecs passa insensiblement de mode. Cela se remarque surtout dans le *Voyage de l'Empereur Napoléon III à Metz*, en 1857, raconté par M. Chastellux. Ce volume in-quarto, imprimé avec grand luxe aux frais de la ville de Metz, ne renferme que des descriptions et pas de dessins des arcs de triomphe dressés pour la circonstance. Il eut été instructif de comparer, au point de vue de l'art, cette manifestation avec les décorations qui devaient s'élever aux mêmes lieux, le 4 mai 1877, en l'honneur de l'Empereur d'Allemagne.

C. ABEL.

Imprimerie J. Verronnais.